わたしの般若心経　入門

小河　隆宣

はじめに――「持つ、読む、書く」お経

『般若心経』といえば、今はだれでも知っているお経です。仏教といえば『般若心経』とだれもが口にする、まさに日本人の心をつかんだ国民的なお経であるといえます。わずか二百六十二文字の短いお経ですが、解釈はさまざまで、数多い本が書店にあふれている点からみても、それだけ懐が広く、多種多用の解釈を許すところに魅力があるといえましょう。

私は、だれにでもわかる、なるほどこれはこのように理解できる、といった解釈を一生を通じて考え続けてきました。いま八十歳になる私、自分の人生に照らして、体験を通して、『般若心経』の意味するところを、本書に述べたように、捉えることができたと思います。あなたの人生も、『般若心経』に照らされていることを、本書で実感していただきたいと思います。『般若心経』をよりいっそう身近に感じていただけることでしょう。

『般若心経』は、むかしから、心に不安を抱いた時、迷いがある時に「持つ、読む、書く」お経といわれています。本書では読み方（唱え方）、書き方（写経）、を記すとともに、「持

つ」ことにも重点を置きました。苦難をよけてくれる『般若心経』全文と、仏教の生みの親、釈迦如来像のカードを工夫しました。どうぞ、お守りとして持ち歩きください。また、あまり知られてない、生まれ年の干支による守り本尊について、くわしく述べてみました。干支は全世界共通にあり、『般若心経』との関連も古い。そこで、あなたの干支の守り本尊の特徴を知っていただきたいと思います。

昨今では仏像ブームで、若い方からご年配の方まで人気があるようです。自分の守り本尊が何かを知ることで、今後、たとえば、自分の守護仏が祀られている寺を訪ね歩く、という仏像見学の新しい視点が生まれるかもしれません。

本書は、私の『般若心経』です。そして、あなたの『般若心経』です。一人でも多くの方に『般若心経』を知っていただきたく、初めてふれる方から親しんで読んでいただけるように心がけました。また、絵文字による『絵心経』も全文掲載しております。お子様と一緒に楽しんでいただけるとうれしいです。

刊行にあたり、お力添えをいただいた（株）説話社の皆様に心から感謝を申し上げます。

小河　隆宣

目次

般若心経全文

『般若心経』全文・読み方

仏《ぶっ》説《せっ》摩《まー》訶《かー》般《はん》若《にゃー》波《はー》羅《らー》蜜《みー》多《たー》心《しーん》経《ぎょう》

観《かん》自《じー》在《ざい》菩《ぼー》薩《さー》

行《ぎょう》深《じん》般《はん》若《にゃー》波《はー》羅《らー》蜜《みー》多《たー》時《じー》

照《しょう》見《けん》五《ごー》蘊《うん》皆《かい》空《くう》

度《どー》一《いっ》切《さい》苦《くー》厄《やく》

舍《しゃー》利《りー》子《しー》

色《しき》不《ふー》異《いー》空《くう》　空《くう》不《ふー》異《いー》色《しき》

色《しき》即《そく》是《ぜー》空《くう》　空《くう》即《そく》是《ぜー》色《しき》

受《じゅー》想《そう》行《ぎょう》識《しき》

亦《やく》復《ぶー》如《にょー》是《ぜー》

舍《しゃー》利《りー》子《しー》

是《ぜー》諸《しょー》法《ほう》空《くう》相《そう》
不《ふー》生《しょう》不《ふー》滅《めつ》
不《ふー》垢《くー》不《ふー》浄《じょう》
不《ふー》増《ぞう》不《ふー》減《げん》
是《ぜー》故《こー》空《くう》中《ちゅう》無《むー》色《しき》
無《むー》受《じゅー》想《そう》行《ぎょう》識《しき》

無眼耳鼻舌身意《むーげんにーびーぜっしんにー》

無色声香味触法《むーしきしょうこうみーそくほう》

無眼界《むーげんかい》

乃至無意識界《ないしーむーいーしきかい》

無無明《むーむーみょう》

亦無無明尽《やくむーむーみょうじん》

乃《ない》至《しー》無《むー》老《ろう》死《しー》

亦《やく》無《むー》老《ろう》死《しー》尽《じん》

無《むー》苦《くー》集《しゅう》滅《めつ》道《どう》

無《むー》智《ちー》亦《やく》無《むー》得《とく》

以《いー》無《むー》所《しょー》得《とっ》故《こー》

菩《ぼー》提《だい》薩《さっ》埵《たー》

依《えー》般《はん》若《にゃー》波《はー》羅《らー》蜜《みー》多《たー》故《こー》

心《しん》無《むー》罣《けー》礙《げー》

無《むー》罣《けー》礙《げー》故《こー》

無《むー》有《うー》恐《くー》怖《ふー》

遠《おん》離《りー》一《いっ》切《さい》　顛《てん》倒《どう》夢《むー》想《そう》

究《くー》竟《ぎょう》涅《ねー》槃《はん》

三《さん》世《ぜー》諸《しょー》仏《ぶつ》
依《えー》般《はん》若《にゃー》波《はー》羅《らー》蜜《みー》多《たー》故《こー》
得《とく》阿《あー》耨《のく》多《たー》羅《らー》
三《さん》藐《みゃく》三《さん》菩《ぼー》提《だい》
故《こー》知《ちー》般《はん》若《にゃー》波《はー》羅《らー》蜜《みー》多《たー》
是《ぜー》大《だい》神《じん》呪《しゅー》

是《ぜー》大《だい》明《みょう》呪《しゅー》

是《ぜー》無《むー》上《じょう》呪《しゅー》

是《ぜー》無《むー》等《とう》等《どう》呪《しゅー》

能《のう》除《じょー》一《いっ》切《さい》苦《くー》

真《しん》実《じつ》不《ふー》虚《こー》

故《こー》説《せつ》般《はん》若《にゃ》波《はー》羅《らー》蜜《みー》多《たー》呪《しゅー》

即《そく》説《せつ》呪《しゅー》曰《わっ》
掲《ぎゃー》諦《てい》掲《ぎゃー》諦《てい》
波《はー》羅《らー》掲《ぎゃー》諦《てい》
波《は》羅《ら》僧《そう》掲《ぎゃー》諦《てい》
菩《ぼー》提《じー》薩《そ》婆《わ》訶《か》
般《はん》若《にゃー》心《しん》経《ぎょうー》

第1章

般若心経を知る

1

小河流現代語訳

ここでは『般若心経』に書かれている内容を、直訳ではなく、段落ごとに小河流にわかりやすく、現代語訳でご紹介します。語句の説明は一二三ページをご覧ください。

仏説《ぶっせつ》①摩訶《まか》②般若波羅蜜多《はんにゃはらみった》③心経《しんぎょう》④

（訳）

仏さまがたいへん勝《すぐ》れた尊い智慧《ちえ》をもって、人々の苦しみの世界から安らかな境地を説かれた大切な心の拠《よ》り所のお経です。

観自在菩薩《かんじざいぼさつ》⑤
行深般若波羅蜜多時《ぎょうじんはんにゃはらみたじ》⑥
照見五蘊皆空《しょうけんごうんかいくう》⑦
度一切苦厄《どいっさいくやく》⑧

（訳）

観自在菩薩（観音菩薩）さまという、たいへん勝れた尊い智慧をもった仏さまが人々を救うために精進・努力をしておられるとき、世の中をつくっている五つの要素は、じつは「空《くう》」であり、実体というものはないと見極められました。これが世の真実の姿である、ということを知り、四苦八苦の苦しみから解放され、心が軽くなったのです。

舎利子《しゃりし》⑨
色不異空《しきふいくう》⑩　空不異色《くうふいしき》⑪
色即是空《しきそくぜくう》⑫　空即是色《くうそくぜしき》⑬
受想行識《じゅそうぎょうしき》⑭　亦復如是《やくぶにょぜ》⑮

〈訳〉

舎利子よ、形あるものは「空《くう》」にほかならず、つねに移り変わり、無常のものが存在です。物事は、仮の姿としていろいろの縁により現象として現われているにすぎないのです。私たちの肉体や精神に執着する必要はないのです。

舎利子《しゃりし》

是諸法空相《ぜしょほうくうそう》⑯　不生不滅《ふしょうふめつ》

不垢不浄《ふくふじょう》　不増不減《ふぞうふげん》⑰

（訳）

舎利子よ、この世のすべてが「空《くう》」を基本としているのです。存在は実体がつかめないし、形のないものが存在なのです。何もないところから突然何かが現われるわけでなく、有るものが突然失われることもない、汚れていることもきれいであることも区別がない。また何かが増すことも減ることもないのが、真実の姿なのです。物事は、一見、増えたり減ったりしますが、場所が移ったり、形を変えただけなのです。本質は増えも減りもしていないのです。

是《ぜ》故《こ》空中《くうちゅう》無《む》色《しき》⑱　無《む》受想行識《じゅそうぎょうしき》⑲

無《む》眼《げん》耳《に》鼻《び》舌《ぜっ》身《しん》意《に》⑳

無《む》色《しき》声《しょう》香《こう》味《み》触《そく》法《ほう》㉑

無《む》眼界《げんかい》　乃至《ないし》無《む》意識界《いしきかい》㉒

(訳)

それゆえ、すべて物事は、仮の姿で、形あるものは存在しないのです。目や耳や鼻や舌など五感で感じる感覚もないし、それから、形のない人間の心のはたらき、思いも、教えも存在しないのです。したがって、それらから得られる認識も存在しないのです。

無《む》無《む》明《みょう》　亦《やく》無《む》無《む》明《みょう》尽《じん》㉓

乃至《ないし》無《む》老《ろう》死《し》㉔　亦《やく》無《む》老《ろう》死《し》尽《じん》㉕　無《む》苦《く》集《しゅう》滅《めつ》道《どう》㉖

無《む》智《ち》亦《やく》無《む》得《とく》㉗　以《い》無《む》所《しょ》得《とっ》故《こ》㉘

（訳）

煩悩《ぼんのう》である「無明《むみょう》」でさえ存在しないのです。私たちはよく、老いたくない、死にたくない、といいます。しかし、年をとることは、成長すること。死を恐れるのは、向こうの世界を知らないからではないでしょうか。生まれる前と死んだ後に行く世界は、同じです。もとの場所に帰るということですから、安心してよいのです。私たちは、いろいろなことにこだわりすぎているのです。固執するということは、ほかの世界を知る機会を失うということなのです。

菩提薩埵《ぼだいさった》㉙　依般若波羅蜜多故《えはんにゃはらみたこ》㉚

心無罣礙《しんむけいげ》㉛　無罣礙故《むけいげこ》

無有恐怖《むうくふ》㉜　遠離一切《おんりいっさい》

顛倒夢想《てんどうむそう》㉝　究竟涅槃《くぎょうねはん》㉞

（訳）

そこで菩薩さまは、この般若波羅蜜多《はんにゃはらみた》（智慧の完成）を修《しゅう》することで、人々の心を覆《おお》うものを消し去ることができました。すべての迷い、妄想《もうそう》、恐怖などが消えて、心が静まりかえりました。

三世《さんぜ》諸仏《しょぶつ》㉟

依《え》般若《はんにゃ》波羅蜜多《はらみた》故《こ》㊱

得《とく》阿耨多羅《あのくたら》　三藐三菩提《さんみゃくさんぼだい》㊲

（訳）

過去・現在・未来の三世にわたって、つねに住しておられる立派な人（仏）も、般若波羅蜜多を修することによって、真実の悟りを得ることができました。

故知般若波羅蜜多《こちはんにゃはらみた》㊳　是大神呪《ぜだいじんしゅ》㊴

是大明呪《ぜだいみょうしゅ》㊵　是無上呪《ぜむじょうしゅ》㊶　是無等等呪《ぜむとうどうしゅ》㊷

能除一切苦《のうじょいっさいく》㊸　真実不虚《しんじつふこ》㊹

故説般若波羅蜜多呪《こせつはんにゃはらみたしゅ》㊺

（訳）

ですから、般若波羅蜜多とは、大いなる智の真言《しんごん》（呪文）であります。あまねく宇宙を含めた、ふしぎな神通力があり、人の心を明るくする力があり、これにすぐるものはない最上の力がある、最高の位の仏にも等しくなる力があるものです。

呪文は、人々の一切の苦しみ、災難を除く、真実の言葉です。これを唱えれば、その利益・霊験は、あらたかであり、うそ偽りのない真実であり、広大無辺の功徳があり、私たちを幸せに導いてくれます。

即説呪曰《そくせつしゅわっ》㊻　掲諦掲諦《ぎゃていぎゃてい》㊼

波羅掲諦《はらぎゃてい》㊽　波羅僧掲諦《はらそうぎゃてい》㊾

菩提《ぼじ》㊿　薩婆訶《そわか》(51)

（訳）

ついにその真言が説かれます。その呪文とは、「ぎゃーてい　ぎゃーてい　はーらーぎゃーてい　はらそうぎゃーてい　ぼーじー　そわか」です。意味は、行きましょう、行きましょう、彼岸へ行きましょう。渡ってしまおう、幸いあれ、というものです。

般若心経《はんにゃしんぎょう》

（訳）

以上が般若の智慧の真髄《しんずい》であり、般若の心です。

2

世界は因と縁でできている

――全文意訳にかえて

『般若心経』には、いったい何が書かれているのか、小河流の現代訳で、おおまかにご理解いただけたでしょうか。『般若心経』の真の姿を、私の人生に照らして、お伝えする前に、もう少し全体をくわしく見てみましょう。

「仏説摩訶般若心経」は、このお経の表題です。意味は、「仏さまが、たいへんすぐれた貴い智慧をもって、人々の苦悩の世界から、安楽な境地、理想の世界に至らしめる真髄を説かれた、大切な心の拠り所のお経」ということです。「仏説」は「仏さまが説いた」という意味です。

観自在菩薩（観音菩薩）が、この世に生まれ、この天地で、無常のちまたにあって、死というものにおののき、迷い苦しむ私たち人間を救うために、精進努力していた時に、この世の真実の姿、宇宙の真実のすべてを知りました。

まず、世の中には、不変と実体というものはなく（物事は変わらないものはなく、あるように見えても実体というものはない）、ことごとく「因《いん》」と「縁《えん》」との和合によってできており、つねに、移り変わっている。これが、世の真実の姿、この宇宙の真実のすべての姿であることを知ったのです。そして「実践する」ことにより、人々のいっさいの苦しみを除き、安楽のところ（彼岸）へ行くことができる、ということを見極められたのです。

皆さん、私はいま、「この世の中の、物も心もすべて、〝因縁《いんねん》〟によって生まれた」とお話しましたが、これをさらにくわしくお伝えしましょう。

この世の真実の姿というのは、「色《しき》」（形のあるもの）といい、「空《くう》」（実体のないもの）といい、現実の世界に存在するものではないのです。「因」と「縁」との和合、結びつきによって、仮そめの形として、個々それぞれの違った姿を表わしているのです。

抽象的で、よくわからないとおっしゃる方もおられるかもしれません。「五蘊《ごうん》」について見てみましょう。人間の身体や物質を表わす「色《しき》」、感覚を表わす「受《じゅ》」、イメージの「想《そう》」、意志の「行《ぎょう》」、認識の「識《しき》」の五つのことです。いっさいの存在は、この「五蘊」から成り立っていますが、これらはみな「空《くう》」であるというのです。

つまり、形のある現象の世界も、目に見えない非現象の世界も、本質的に見ると、「因」と「縁」が結びつき、時々刻々と変化している姿なのです。人間の感覚も心に浮かぶ考えも、動作も精進も、ともに「因縁《いんねん》」によるもので、主観といい、客観といい、すべて「空」なるもので、すぐれた存在なのです。固定した現象の世界も、非現実の世界もありません。私が宇宙であって、宇宙が私であるのです。

「空」は、「色」のからだであり、「色」は、「空」のはたらきなのです。「因」と「縁」が結びついているこの世界は、本質的に見た時には、すべて宇宙の変化の姿で、無から有が生じるのでもなく、有るものが無くなったりするものでもないのです。汚れていることも、きれいであるという区別もない。また、物事が増えたり減ったりすることもないのが真実の姿なのです。すなわち、本性は、物でもなければ、心でもない。仮の姿として、いろいろの「縁」により、現象として現われているのです。

他のものと対立もなく、「因縁《いんねん》」が結びついた、流動的で、変化していることの世界には、現象として現われている形のある物、つまり「色《しき》」、心のはたらきである「受、想、行、識」もありません。また、人間が世界を認識する六つの手段である「眼、耳、鼻、舌、身、意」の「六根《ろっこん》」もありません。さらには、六根で認識される「色、声、香、味、触、法」の「六境《ろっきょう》」もありません。

いっさいの分別の世界もなく、そこには、執着すべき心も物もありません。主観も客観もないのです。

無明《むみょう》から始まって老死《ろうし》に至る、人生の十二段階、すなわち「十二因縁」の姿もありません。また、悩みや迷い、悟り、教えの「四諦《したい》」の説も、ありません。それらは、人格完成への真理の道であっても、真理そのものではないのです。

だから、いっさいは「空《くう》」なのです。いっさい空っぽなのです。智慧もなし、苦もなく、楽もなく、迷いもなく、悟りもありません。固定したものは、何ひとつないから、自由自在であって、理想の世界に到達することができるのです。

なんとなれば、本来、「無所得」であるからです。これが本来の姿なのです。人々は、「般若波羅蜜多」にしたがって修行して、いっさいのものはすべて「因縁」から生まれることを知り、智の必要もなく、得の必要もない仏の智慧の力にすがって（神や仏などすぐれたものを頼みとして）、心の中の「罣《けい》」（さわり）、「礙《げ》」（さまたげ・ふさがり）をなくし、自由自在に、理想の境地、悟りに達することができる、と知るのです。

したがって、恐怖や誤解、夢想や妄想などがなくなり、人格は完成されて、最極《さいごく》の涅槃《ねはん》（悟り・死）に至ります。これは、「無所得《むしょとく》」なるがゆえにできることなのです。

過去、現在、未来の三世にわたってつねに住していられる仏（立派な人）も、この「般若波羅蜜多《はんにゃはらみた》」（仏智に到着する大行）を修することによって、この上もない、正しい平等の智慧、無上の道を得られたのです。

「般若波羅蜜多」とは、あまねく宇宙を含めた不思議の神通力があり、人の心を明るくする力があり、これにすぎるものはない、最上の力があり、最高の覚位の仏にも、等しくなる力がある呪文です。

呪文は、陀羅尼《だらに》のことで、人々のいっさいの苦しみや災難などを除く、神秘の仏の真実の言葉です。これを唱えれば、その利益、霊験《れいげん》は、はなはだあらたかです。真実であり、うそ偽りのない広大無辺の功徳《くどく》があって、私たちを幸せに導く、奥深くはかりしれない「般若波羅蜜多」の心呪なのです。その呪《しゅ》は、「ぎゃーてい　ぎゃーてい　はーらーぎゃーてい　はらそうぎゃーてい　ぼーじー　そわか」というものです。

『般若心経』の全体を少しくわしくお伝えしましたが、いかがでしょうか。原文にこだわらず、書かれている意味で読んで参りますと、以上のようにお話できるかと思います。

それにしても、『般若心経』の二百六十二文字の中には「空」が七文字、「無」が二十一文字、空と無を合わせると、全部で二十八文字出てきます。全文の文字数の十パーセントを占めています。経文の中にこれほど頻繁に出てくる文字「空」と「無」。これは、『般若心経』の特徴をよく表わしています。

この世のすべては、空であり、あるように見えて実は何もない世界である。現実にはあるように見えるが、それが仮の姿であって、本来は何もない、と伝えています。何一つとして固定されたものがないのだから、自由自在で、理想の世界に到達できる。

そのように捉えると、現実世界の心配、悩み、苦しみ、ライバル、競争……などなど、どうということない小さなことに思えてこないでしょうか。

では次に、私なりの体験に基づいて、『般若心経』の真の姿に、触れてみたいと思います。

3

私の『般若心経』

私は寺に生まれ、育ちましたので、小さい時から、『般若心経』は知っておりました。しかし、僧になることに反発していて、別の職につき、回り道をして、ようやく僧職につきました。

なぜ僧侶になりたくなかったかと申しますと、私は幼い時から、僧侶の父と共に、あちこち葬儀や法事について行っておりました。十歳のころには「そうか。うちは他人さまの不幸で生活しているのか」と子ども心に感じたわけです。これが僧職を嫌ったいちばんの理由でした。

片や、寺に生まれ、私と同じ理由で反発していた人がいました。僧になってからの知人ですが、進学相談で先生に打ち明けると、こう言われたそうです。

「母が亡くなった時、お坊様がていねいに温かくお経を読んでくれて、こうして母は浄土へ導かれていくのだ。お坊様の仕事は尊く、立派な仕事だなと感動したんだ」と。以来、彼は考えを改めた、ということでした。

私には、こうした体験がなかったので、僧職を嫌ったまま、キリスト教系の大学で名の知られている、同志社大へ進学しました。卒業後は、僧職と無関係の、まったく別の職につき、どんどん寺から離れていきました。

しかし、仕事がうまくいかないとき、何か、困ったときに、不思議と『般若心経』を知らず知らずのうちに口にしているのです。

もともと『般若心経』は、それを読むことで災難を防いだという、語り継がれてきた歴史がありますから、無意識的に実践してきたようです。

年を重ねるにつれて、寺に生まれたことが強く心にうかんでくるようになり、ついに、僧職というものへの想いが高まり、僧職につこう、という考えに至りました。生きとし生けるものすべて、生を受ければ必ず死を迎えます。しかし人は、儀式で死者を送り出す。「死《し》而後止《してのちやむ》」する（この世のことは全部終え、浄土での生活が始まる）とその儀式にはどうしても立ち会わなければならない、立派な職業であることに、遅まきながら、ようやく思いが至ったのです。

しかし、人生の半ばになろうかという年齢になっており、簡単なことではありません。初歩から学びはじめ、職業としてやっていくまでにはたいへんなことでした。それでも、考えてみるに、得度《とくど》だけは、高野山金剛峯寺《こんごうぶじ》にて受けておりました。そして、偶然のご縁をいただき、運よく、京都の大覚寺の職員として働くことができるようになりました。

折にふれて、無意識のうちに、『心経』を口にしていたからこそ、道が開けたのだと思います。その時、「ああ今があるのも般若心経のおかげだ」と思いながら、必死に猛勉強をしました。

『般若心経』が広く愛される理由

大覚寺は千二百年の歴史をもつ真言宗のお寺です。誰でもその道の方はご存じのように、『般若心経』のお寺です。むかし、嵯峨天皇と弘法大師との出会いがあった場所。平安時代に疫病《えきびょう》がはやった時、弘法大師のすすめで、嵯峨天皇が『般若心経』を写経されたのです。これは大覚寺におさめられ、現在「心経宝塔」の中に保存されています。それ以降、大覚寺は写経の根本道場となりました。日本でいちばん古い根本道場です。そこの部署に配属されたのです。四十七歳で大覚寺の職員になり、五大堂の「心経」写経道場に配属されました。これが、『般若心経』と真剣に向き合うきっかけとなりました。

毎日、たくさんの人がきます。私自身も毎日毎日、般若心経を読み、書きます。それまでもずっと何気なしに読んでいましたが、写経道場で、「書く」という行為ですね、このときから、『心経』が何を伝えたいのか、深く触れたように思います。

『般若心経』はどんな宗派の人でも知っており、これほど愛されていると気づき、執筆したのが、三十年前に出した『お守り般若心経』です。小さく、屏風たたみにして、ポケットやバッグに持ち歩けるようにしたアイデアがうけて、ベストセラーになりました。

その時、私がとくに注目したのは、「干支《えと》」でした。十二支は全世界にあります。

アメリカに行っても、インドに行っても、どこに行ってもあります。

ところが、生まれ年の「干支」によって「守り本尊」があることを、一般にはあまり知られていないことに気づきました。十二支それぞれには八体の守護仏がおられ、どんな特徴を持ち、それぞれどのような役目があるかなど、その後、少しずつ調べました。その内容を五十九ページで、読者の皆さまにお伝えします。

大覚寺は、真言宗のお寺ですが、宗派を選ばないお寺です。大覚寺をひらかれた宗祖、弘法大師・空海は、お心がひろく、神仏の宗派もキリスト教もほかの宗教も問わず、すべての人を受け入れるのですね。

神社では、拝むときに、「かんながら　たまち　はえませ」といいます。これは、私も当時知らなかったのですが、勤め始めたころ、大覚寺の坂口密翁執事（『絵心経』の著者。百七ページで『絵心経』を全文紹介）が教えてくれたのです。「かんながら　たまち　はえませ」は、いうならば、「神様の御心《みこころ》のままに」といった意味でしょうか。皆さんも神社で『般若心経』を唱える時は、お経の後、最後に「かんながら　たまち　はえませ」をつけ加えるとよいでしょう。

大覚寺には、クリスチャンの方も大勢、訪れます。キリスト教の方も『般若心経』を知っています。心経を唱えたあと、なんと言われるか注目していたら、最後に、アーメン、とおっしゃるのです。

こんなふうに『般若心経』は、どんな宗派の人も知っており、ひろく愛されているのです。

『般若心経』は災いをはねのける

小乗仏教と大乗仏教の話を、ご存じの方もおられるでしょう。『般若心経』は大乗仏教ですね。大乗仏教は、紀元前後ごろ、インドで起こった改革派の教えです。従来の仏教が、出家者中心・自利中心であったため小乗仏教として批判し、自分だけが悟るのでなく、いのちあるすべてを救うことを目的にし、一人ひとりの幸せをつくりあげていくという立場をとりました。それが大乗仏教の考え方です。

『般若心経』は、作者は不明ですが、中国の小説『西遊記』に登場する高僧、玄奘三蔵《げんじょうさんぞう》が漢訳して伝えた、といわれています。インドへ仏の道を求め、たくさんの仏典を携えて中国への帰路、旅の間、何度も命の危険にさらされましたが、心経を唱えて災いから逃れた、という話はあまりにも有名です。

日本には、七、八世紀ごろに伝わりました。法隆寺に所蔵されているサンスクリット語の写本は、世界最古のものと言われていますが、いっぽう、玄奘三蔵が翻訳した漢訳のものは、八世紀、奈良時代に遣唐使によってもたらされたといわれています。

この『般若心経』の、災いを除いてくれるという話は古く、奈良時代の『続日本紀』によりますと、『心経』を読誦《どくじゅ》すれば、福寿を得るばかりか、あらゆる災難から逃れられる最高のお経なので、誰でも唱えなさい、とあります。

平安時代には、先にふれたように、弘法大師と嵯峨天皇のご縁があり、以後、大覚寺は天皇の保護を受け、写経がさかんになりました。

ラフカディオ・ハーン（日本名・小泉八雲）という人が書いた怪談『耳なし芳一』のお話をご存じの方は多いでしょう。壇ノ浦で滅亡した平家の亡霊が、盲目の琵琶法師・芳一を死の世界に引き込もうとした時、寺の住職が芳一の体中に、般若心経を書き写して、魔ものを退治しました。しかし、両方の耳だけ書き忘れたために、両耳を奪われる、というこわい物語です。『般若心経』が魔ものを寄せつけない、はねのける力があることは、古くから知られていたのです。

『般若心経』は持つ、読む、書くお経

『般若心経』は、むかしから、迷った時、心に不安を感じた時に、「持つ、読む、書く」お経、といわれています。そういった行為で、今日を生きる、明日を生きる、不思議な力というものが出るお経です。

それは、その通りであります。余談になりますが、私には、他の人の経験していない経験を持っています。大覚寺に勤務していた頃、上司に、命じられて少年鑑別所や刑務所へ、法話をするため、何度も講演に出かけたことがありますが、そうではなく、本当に刑務所へ入ったのです。それは、どういうことか、と言いますと、お寺ですから亡くなった人を浄土へ送りださなければならない義務があります。そこで、霊園を作って、販売したのです。その時に任せておいた人が、悪事を働き、法を犯したその責任が全部、私に降りかかってきました。その時にも、『般若心経』がそうした苦境を、救ってくれました。

　また、最近では、「書く」（写経する）ことで、心が静まる、といって、老人会やいろいろな集まりで、写経が盛んに行なわれていることも耳にしています。

　むかし、興教大師・覚鑁《かくばん》上人という偉いお坊さんがいました。そのお坊さんが言われたことには、「鑁《ばん》の言うこと修《しゅ》して知るべし」ということを言われました。この言葉をかりて、私がいうならば、「理屈なしに、疑うことなく、信じてこのお経を唱えてください。また、お持ちください」ということなのです。

『般若心経』は、ありがたいお経です。このお経を唱えること、持つこと、それに写経すること。これを私はずっと言い続けています。さまざまな災難や悩み、苦しみから救われ、大いなる望みを抱くことができる、人生において、目的が達成し、満足感が味わえ、たとえ、悪いことが起こっても、自然のうちに正しい道に導かれていくのです。

『心経』の功徳《くどく》、霊験《れいげん》については、数多く語ることができますが、私自身の体験をお話ししましょう。

私はかつてお酒が好きでした。というより、アルコール依存です。大学を卒業するころから飲み始め、量がどんどん増えて、周りから「体をこわすぞ」「一生やめられなくなってしまうよ」と忠告されながら、また飲み続けました。体力があったからですね。将来の展望もなく、非現実的な夢ばかり話し、ただ毎日を飲んで過ごすだけの日々を送っていました。まさに『心経』にある「顛倒《てんどう》夢想《むそう》」そのままです。悩み、苦しみ、迷い、人生の闇の中、暗闇の時期でした。

ところが、ふとした機会にきっぱりやめることができたのです。不思議なことです。これは、『般若心経』の写経の功徳ではないかと思うのです。私の写経ではないんですよ。

私が酒にひたっている間、そんな日々を家族はどんな思いで過ごしていたか、おしはかる余裕もなかったですが、僧侶である父親をはじめ、十歳にもならないわが子まで、家族が懸命に写経を続けてきたのです。私に何とか立ち直ってもらいたい一心でのことでした。当時、それを知らずに私は酒を飲み続けていたのですが、ある時、私の断酒を祈願する、家族の写経する姿を目のあたりにしました。身体中に電撃が走りました。そして、正しい道に目覚め、酒をやめることができました。

たばこもそうです。それまで何度も失敗していた禁煙に成功しました。これは、私自身が『心経』を唱えたことで成しとげられました。なかなか禁煙できないのは、禁断症状に耐えられないからですが、この時はそれが全くなく、不思議なことにすんなりやめられたのです。これが、『般若心経』の中の「無上」「無等等」の功徳力としての心経です。

『般若心経』は人生の地図

さて、本題に入りましょう。

『般若心経』は、「観自在」という文言にはじまり、「薩婆訶《そわか》」で終わります。私は自分の体験を重ねることで、『般若心経』が人生そのものである、ということにある日、はっと気がつきました。胸にストンと落ちたように、心の迷いが去ったのでした。

この世に人が生まれてくることについて、『父母《ふぼ（ぶも）》恩重経《おんじゅうきょう》』では、次のように書き記されています。

「人の此《こ》の世に生まるるは、宿業《すくごう》を因として父母を縁とせり」

宿業は、「無明《むみょう》」と言い換えることが可能でしょう。

「無明」をもととして、父母を縁としてである、と説かれています。私たちは、「無明」の中で母体に宿り、誕生で、人生がはじまります。「無明」という言葉は、この場合、「始まり」です。誕生、人生のはじまりは、「観自在」で自由にこの世に動き出すことなのです。

『心経』の観自在菩薩《かんじざいぼさつ》（観音菩薩）を、私は人間にたとえたのです。観自在菩薩は、あなたでもあり、私でもあるわけです。

「観自在菩薩」に続く文言は、「行深般若波羅蜜多《ぎょうじんはんにゃはらみた》」。般若は智慧のことですね。これは、生まれ落ちた私たちが智慧を増していく、一歩一歩の進歩を表わしています。生まれて、よちよち歩きできるようになり、やがて幼稚園に、学校へ通うようになる。進学し、成長し、結婚生活を始める。子どもをもうける。この歩みが人生の「行《ぎょう》」そのものではないでしょうか。それが、私が「観自在」から始まり、「薩婆訶《そわか》」で終わる『般若心経』が、人生そのものだ、と理解した理由です。『般若心経』は、あなたの人生、私の人生そのものなのです。

「観自在」は人間が生まれたときのことを言っている。人間として母親から出てきた瞬間。へその緒を切るときの瞬間。「薩婆訶《そわか》」は、もうあの世へさっと行ったときのことです。その間のことを、人生と当てはめているわけです。

その間を「乃至《ないし》」と呼ぶ。乃至はいろいろなことがあります。いいこともあるでしょうし、悪いこともあるでしょう。その人が考えていること、行動したことを全部ひっくるめて乃至という。

二〇一一年三月に起こった東日本大震災も、そうでありましょう。苦しいこと、難儀なこと、親を子を、親戚や知人を、住まいを、会社を失い、といったことすべて……。「時間」が必要でありましょう。「時」を十分得ても得心いかないことでありましょう。しかし、今に生きている、あの方たちが、毎日毎日に希望を持ち、生きているのです。涙の笑顔を見せているのです。

『般若心経』は、いうならば、人生の地図が描かれているともいえるでしょう。また人生そのもの、といってよいでしょう。あるいは人生のバロメーター、つまり、理屈ではなく、『般若心経』といえば、ああこれが人生なのだ、と思っていただきたいのです。

それぞれの人生が『般若心経』に照らされている

過去、現在、未来を三世といい、私たちの人生も、過去を反省し、未来には大願を持ち、それをなしとげるため、現在を精いっぱい生きる、という形で歩んでいきます。その進んで行く中においては、間違った考えや、浅はかな思いに振り回されたり（「顚倒夢想《てんどうむそう》」）、また、苦しみや迷いに捉われたり、災難に見舞われたりすること（「一切苦厄《いっさいくやく》」）もあるでしょう。

その日その日を、よりよく生きたいと願っても、なかなかうまくいかないのが、人生でありましょう。「乃至」という言葉は、その人生の一刻一刻の歩みを、いいことも悪いことも含めて、すべて向き合っていかなければならない、ということを表わしています。

人生は、一日一日の積み重ねですが、その一日もまた「観自在《かんじざい》」から始まり、「薩婆訶《そわか》」で終わっています。一日の中にも苦しみや迷いがあり、喜びや充実感があります。そうして繰り返される一日一日は、『般若心経』そのものではないでしょうか。

つまり、朝起きて一日が始まり、夜眠りにつく一日の終わりまで、その内容が、「観自在」から「薩婆訶」であり、『般若心経』そのものだと思います。それはまた、一日だけでなく、一週間であり、一か月も一年もやはり、『心経』だと解釈できました。

『心経』は一日だと考える人、一週間だと考える人、いや一生涯だと解釈する人がおられてよいわけです。「この一日は心経だった」「この一か月は心経そのものだったなあ」と解釈すればよいのです。

若くして終える三十年の人生も、五十年、八十年、百年の人生もみな、その人それぞれ各自の人生が、『般若心経』の中に照らされているのです。そして、観自在菩薩が、一緒に歩んでいてくださるのです。

今、私は八十歳になりました。この八十歳になる間に、二十歳、三十歳の頃、四十歳、五十歳前後、とそのときどきによっていろいろ考えが変わりました。考えだけでなく、私の置かれた環境といいますか、まわりを含めた私自身が変わったのです。悩みや苦しみ、つらいこともありましたが、新しいものが次々と生まれていったのだと、今では思うようになりました。

『般若心経』でいえば、涅槃《ねはん》の辺りでしょうか。もう、涅槃に近いときですから。究竟涅槃《くぎょうねはん》のところへさしかかっているくらいです。

『般若心経』は人生そのものである、と感じたのは、五十歳を過ぎてからのことです。それなりの年齢を重ねないとわからないかもしれません。『般若心経』がその人の人生とどこがどう対応しているのか、といった問題ではありません。自分の人生と、どう当てはまるのかということではなく、『般若心経』そのものが、人間一人ひとりに寄り添うものですから。二十代、三十代を生きているあなた、四十代、五十代を生きているあなた、六十代以降を生きておられる方、それぞれに、寄り添っているのです。

『般若心経』の終わり近くに、「是大神呪《ぜだいじんしゅ》　是大明呪《ぜだいみょうしゅ》　是無上呪《ぜむじょうしゅ》　是無等等呪《ぜむとうどうしゅ》」という文言があります。

呪《しゅ》ということばは、祈りのときに使う言葉です。また、生きている人間が、物事を願うのも、呪です。「般若波羅蜜多《はんにゃはらみた》」は、神への祈りであり、仏への祈りであり、この上もない祈りであり、ほかに比べるものなどない、最高の祈りであるという意味です。

「是無等等呪」はこれ以上のことはない真言、ということです。そして、それが理解できると、そこから、「能除一切苦《のうじょいっさいく》、真実不虚《しんじつふこ》」は、もう、そういったことに頼らなくても、一切の災難や苦しみから逃れられる、これはうそではない、真実ですよ、ということにつながっていくのです。

「般若波羅蜜多」とは、辞書を引いたり、どの本を読んでも、すぐれた智慧を得るための菩薩さまの修行法、とあります。けれども、私は、別の解釈をします。

人間が生まれながらにして、行なうべき行動——それが、「般若波羅蜜多」です。生きること自体が、「般若波羅蜜多」という修行をしているのと、同じことなのです。私自身の体験が、それを教えてくれました。

わからないことは『般若心経』に聞け

次も『般若心経』の言葉について考えてみましょう。
「無《む》色《しき》無《む》受《じゅ》想《そう》行《ぎょう》識《しき》　無《む》限《げん》耳《に》鼻《び》舌《ぜっ》身《しん》意《に》　無《む》色《しき》声《しょう》香《こう》味《み》触《そく》法《ほう》」とあります。世界を成り立たせている「色、受、想、行、識」という五蘊も、「眼、耳、鼻、舌、身、意」という感覚器官も、それを認識する「声、香、味、触、法」も、無である。あるように見えても実体はない。これはどう理解したらよいでしょうか。

たとえば、私たちは、健康であれば、身体の各部分をつねに特別意識しませんね。胃もどこにあるかわからない。胃が痛くなってはじめて、自覚します。足が痛くなってはじめて足を意識する。不健康になってはじめて健康がわかる。

つまり、こころも身体も、意識しない状態、あってもなきがごとしの状態が、命があるがままに働いているとき、と理解すると、命を大切にするとはどういうことか、命を慈《いつく》しむことが、どんなに大事なことか、わかってくるのではないでしょうか。

最後に出てくる一節は、「掲諦掲諦《ぎゃていぎゃてい》　波羅掲諦《はらぎゃてい》　波羅僧掲諦《はらそうぎゃてい》　菩提薩婆訶《ぼじそわか》」。「掲諦」は「生きぬいて、生きぬいて、私はやります」という意味ですが、「掲諦掲諦」は、「みんなで手をつないで逝きましょう」という意味です。死なない人はいないのですから、みんなで浄土へ行きましょう、ということ。生者必滅、これが最後に記されているのです。人生の地図の途中にある時は、「生きて、生きぬいて、みなともにやりましょう」。そして、生きている人誰にでも訪れる「薩婆訶」＝死の時、みんなで手をつないで浄土へ逝きましょう、と『般若心経』は閉めくくっています。

『心経』という人生は、生も死も区別がない、生と死は、別のものではないのです。

これを何度も口にする、唱えると、日々新しい発見があるかもしれない。何か自分に思い当たることがあると、『心経』に戻ってくると、違った発見があり、しだいにわかってきます。自分が変わってくると見つかります。

『般若心経』がひとつの宗派にとらわれずに、いろいろな宗派に読まれているのは、その辺りに大きな秘密があるのかもしれません。

『般若心経』は、広く宗派の別なく読まれているお経ですが、かつて、浄土真宗では、読まないことになっていました。開祖である親鸞上人に、次のような話が残っているからです。

親鸞の教えは、いちずに「南無阿弥陀仏《なむあみだぶつ》」の念仏を唱えれば、如来《にょらい》の恩恵《おんけい》を受けられる、という阿弥陀仏への絶対的信仰でした。

自分は、仏の修行など何ひとつできず、智慧もないという考え方でした。その親鸞にある人が『般若心経』を読誦《どくじゅ》しなさいとすすめた時、親鸞は「いずれの行も及びがたき身なれば、地獄は一定《いちじょう》すみかぞかし」と言われた、という話が残されているのです。そんな自分なので、念仏して地獄に落ちても後悔はしない、というのです。そこから、浄土真宗では、『般若心経』は読まない、ということになっていました。

が、それは建て前で、（少なくとも三十年前からは）浄土真宗でも『般若心経』

を読んでいます。読んだことがない僧はいないことでしょう。

浄土真宗の学びの場である京都・大谷大学の売店でも、私の『お守り般若心経』を扱っていましたね。

有名な禅僧の良寛さんや、博多の仙厓《せんがい》さんと一休さんもですが、それぞれ『般若心経』の影響をそうとう受けております。

私が非常に影響を受けた僧侶は、と問われれば、強いていえば、私の父親、大僧正・小河浄全《こかわじょうぜん》から受けています。

昔から、言われておりました。「わからないことがあったら、『般若心経』に聞け」と。わからないことのヒントが、『心経』には含まれているのだと。それで一生懸命読みました。

『般若心経』について書かれた本というか冊子というか、買いまして、読んでいたのですが、著者も版元も、偶然、同じものを親父が持っていて、びっくりしたこともあります。

毎日を明るく楽しいものに清浄化する

『般若心経』は、私たちが毎日食べるご飯と同じようなものでしょう。朝から晩まで唱えよ、と言っているわけではないのです。『般若心経』を念頭において毎日、この人生を歩んでいる、とわかることで、鋭気を養い、毎日を明るい楽しいものに清浄化してゆくことができるのです。これが、私が理解した『般若心経』の姿です。

先師の言葉をご紹介しましょう。

「このお経は、仏教の精養《せいよう》、密教の肝心なり。この故に、誦持講供《じゅじこうく》すれば、苦を抜き、楽《らく》を与え、修習思惟《しゅじゅうしゆい》すれば道を得、通を起こす。まことにこれ世間の闇を照らす明燈《みょうとう》にして、生死《しょうじ》の海を渡す船筏《いかだ》なり」と、『般若心経』を語っています。

すなわち、「『般若心経』は、仏教のエキスを集めた、密教の中心の活力です。そのために、そらんじ、礼をつくして唱えれば、苦悩はさり、楽が与えられる。

勉強に励んで内容を理解し、人生に照らして深く考えれば、悟りを得て、神通力が生まれる。まさにこのお経は、世の中の闇を照らす明かりであるし、生と死が横たわる海原を渡るいかだのようなものである」。

まさに『般若心経』が人生の地図であることを示しております。

そして、この地図は、私たち一人ひとりとともにあるのです。

『般若心経』を私は、ときどき『心経』と称してきました。『般若心経』は中国で何回もさまざまに翻訳されています。しかし、それらの経典の題名は、すべて『般若心経』となっているわけではなく、『般若大明呪経《だいみょうしゅきょう》』とか『般若神呪《じんしゅ》』というように訳されているものも多いのです。つまり、さまざまな題名で、さまざまに訳されている。このことはいかに大切な教典（教え）であるかを物語っているのではないでしょうか。

つまり、このお経は、こころの真言であり、大いなる光の真言であり、神の真言でもある。それゆえ、仏教の宗派はもとより、神道やほかの宗教をこえて、だれの心をも打ち、加護と功徳をもたらすのです。『般若心経』がこれほど人々に愛される理由ではないかと思います。

唱えることが、写経することが、懐中にすることが、そういう行為すべてが、心の中にエキスを蓄積いたします。そして、その心が加護をうけ、その功徳が人をして救われます。

それゆえに『般若心経』をお守りといいます。「明呪」とは、「神呪」とは、そういうことだと理解してください。そして、『般若心経』を人生そのものだと理解すると、私たちは人生を、より豊かに充実した心で創ることができます。

人生の地図として、人生の行路としての『般若心経』を誦持して、明るい未来を迎えてください。

「掲諦掲諦《ぎゃていぎゃてい》　波羅掲諦《はらぎゃてい》　波羅僧掲諦《はらそうぎゃてい》　菩提薩婆訶《ぼじそわか》」行きましょう、行きましょう、ともに心のお経とともに、目的に向かって行きましょう。

第2章

守り本尊

1

あなたの守り本尊は?

十二支の守り本尊とは?

この世に生きる私たちの守り本尊である守護仏は、十三仏おられます。人は生命を失うとその十三の仏さまに守られて極楽に導かれ、成仏するといわれます。十三の仏さまは、それぞれ違った役割を持ち、すべての人を救われます。私たちの心が真に救われ、すべての世が浄土となることを願って、精進されているのです。

その十三仏のうち、八仏が、左のページに記したように私たちの生まれ年によって、それぞれ守り本尊となって守ってくれるのです。

八仏がなぜ十二支の守護仏なのでしょうか。それは、古来、十二の方位には、そこを守る八体の守護仏がいらして、その方位と同じ生まれ年（干支）の守護仏となる、とされているからです。（十三仏は、左の八仏に、釈迦如来、地蔵菩薩、弥勒菩薩、薬師如来、阿閦《あしゅく》如来を加えたもの）

子年《ねどし》――観音菩薩《かんのんぼさつ》
丑《うし》・寅《とら》年――虚空蔵菩薩《こくぞうぼさつ》
卯《う》年――文殊菩薩《もんじゅぼさつ》
辰《たつ》・巳《み》年――普賢菩薩《ふげんぼさつ》
午《うま》年――勢至菩薩《せいしぼさつ》
未《ひつじ》・申《さる》年――大日如来《だいにちにょらい》
酉《とり》年――不動明王《ふどうみょうおう》
戌《いぬ》・亥《い》年――阿弥陀如来《あみだにょらい》

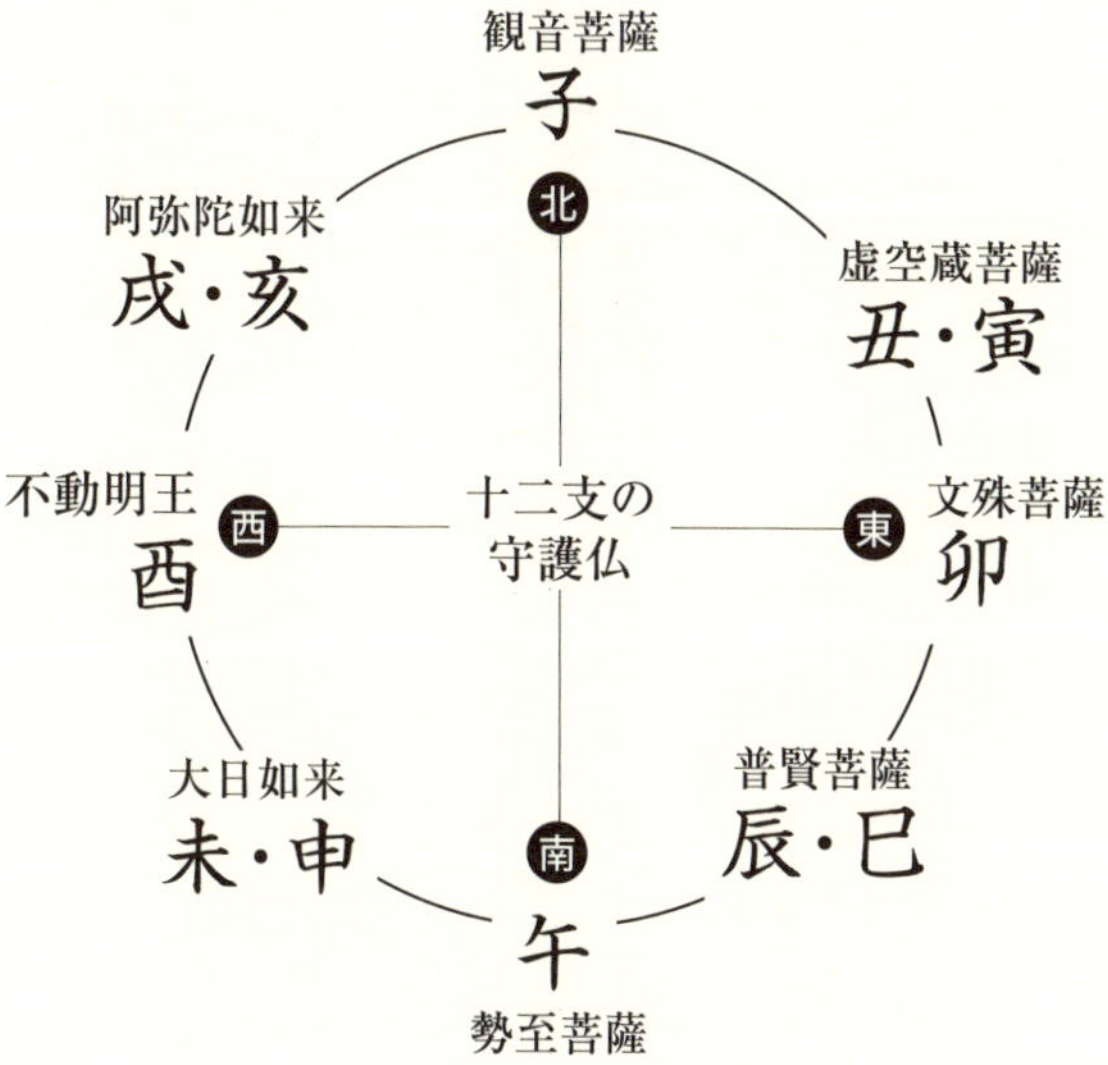

2

干支別守り本尊の特徴

子《ね》年《どし》生まれ

観《かん》音《のん》菩《ぼ》薩《さつ》

【真言《しんごん》】

おん
あろりきゃ
そわか

慈悲の心を持ち、苦悩する者が救いを求めれば、その声をたちどころに感知して、自在に救済する菩薩さまです。観自在菩薩《かんじざいぼさつ》または観世音菩薩《かんぜおんぼさつ》ともいい、一般には観音さまの名で親しまれています。『般若心経』では、冒頭に登場します。

その姿は三十三身に変化《へんげ》され、慈悲の心で願いをかなえてくれます。

観音さまが変身された代表的なものとして、「十一面観音」「千手観音《せんじゅ》」などがあります。観音さまは、あらゆる人々を救おうとされ見守っているために、あらゆる方面にお顔を向けています。代表的なものが頭の上に小さな顔をつけた十一面観音菩薩。その十一の表情は、やさしい表情や怒った顔つき、口から牙《きば》がのぞいたものもあり、それぞれの顔を持っています。千手観音は、十一面観音が発展した姿で、顔も十一あるのに加えて、千の手を持ちます。手のひらには、一つ一つに目が描かれ、その上、それぞれの持ち物（道具）があります。たくさんのことを見ることができ、たくさんのことができる、ということを示しているのでしょうか。ほかに「如意輪観音」「馬頭観音」などに変化《へんげ》します。「聖《しょう》観音」は、観音菩薩が変身する前の根本の姿です。

丑年《うしどし》・寅年《とらどし》生まれ

虚空蔵菩薩《こくうぞうぼさつ》

【真言《しんごん》】

のうぼう
あきゃしゃ
きゃらばや
おんありきゃ
まりぼり
そわか

智慧や学徳、福徳を授け、財宝を望み通りにしていただける菩薩さまです。

「虚空」とは広大無辺のこと。「蔵」はすべての人々にご利益《りやく》や安楽を与える宝を内蔵しているということ。ですから、虚空蔵菩薩とは、限りない空（虚空）のように広大無辺の功徳を蔵し、人々の願いをかなえて徳を与える菩薩さまです。

記憶をつかさどる菩薩であるところから、智恵や知識、記憶力をよくするといった面でのご利益をもたらす菩薩として、人々に崇《あが》められています。そらんじるや空暗記などの言葉は、虚空蔵の「空」から生まれたものです。

虚空蔵菩薩さまといえば、現在でも、子どもが十三歳になった時、参拝する「十三参り」があります。そのご本尊である虚空蔵さまから、智慧と厄除《やくよ》けを授けていただきます。

京都嵐山の法輪寺が有名で、渡月橋《とげつきょう》を渡り終えるまでふり返ってはならないという伝説があります。虚空蔵さまから授かった智慧や厄除けが戻ってしまわないためのしきたりです。

卯年生《うどし》まれ 文殊菩薩《もんじゅぼさつ》

【真言《しんごん》】
おん
あらはしゃ
のう

文殊菩薩は、「智慧」をつかさどる菩薩さまです。苦労や災難、病気を断ち切り、限りない英知を授けてくれます。

実在の人物とされ、インド舎衛国多羅聚落《しゃえいこくたらじゅらく》にバラモンの子として誕生。生まれたとき身体が紫金色をしていたというエピソードをもちます。

釈迦如来の脇侍《きょうじ》として、普賢菩薩と一対をなし、通常、仏の左側に位置する「釈迦三尊像」がよく知られています。文殊菩薩は、釈迦の「智慧」を象徴しており、いっぽう釈迦の「慈悲」を象徴するのが、普賢菩薩とされています。

単独での文殊信仰も盛んで、中国山西省の五台山が霊地として有名です。日本では、平安時代前期に、貧民救済を願う文殊会《もんじゅえ》がはじまり、中世には、行基《ぎょうき》を文殊の化身《けしん》とする信仰が高まり、文殊信仰が広まりました。

文殊菩薩を本尊とする寺は、各地にあり、受験合格や、子どもの成長を祈願する参拝者が多く、観音さまと並び、現代人に馴染み深いようです。

「三人寄れば文殊の智慧」の諺《ことわざ》でも有名ですね。

近年、国宝に仲間入りした奈良安倍文殊院の騎獅《きし》文殊菩薩は、快慶作で有名。手に宝剣と蓮華《れんげ》を持っています。奈良興福寺、東金堂《とうこんどう》の文殊菩薩は、獅子の背に乗った像が多い中、台座にすわり、宝剣も持っていません。

辰年《たつどし》・巳年《みどし》生まれ 普賢菩薩《ふげんぼさつ》

【真言《しんごん》】
おん
さんまや
さとばん

慈悲と英知の徳で、人々を救済する菩薩さまです。息災延命、わざわいを取り去り、長寿のご利益を授けてくれるといわれます。「普賢」とは「普《あまね》くさとれる者」という意味で、「あらゆる場所に現われ、教えを説き、その功徳をあまねく示す」といわれています。

普賢菩薩は、十の大きな願いを起こしました。「普賢の十大願《じゅうだいがん》」といいます。仏を礼拝する、心から奉仕や供養をする、自分の過ちに気づいたら悔い改める、向上心をもって仏に従って学ぶ、生きとし生けるものを父母のように敬う、などなどです。

私たちは一人では生きてゆけません。親きょうだいや隣近所があり、学校や社会があり、その中の一人として生きているのであり、自分だけ幸福を求めてはならない、他の人と一緒に幸せになることが大事、ということをとくに説いています。

「六牙《ろくげ》の白象《びゃくぞう》」はインドで最もすぐれた動物ですが、その白象に乗って、対をなす文殊菩薩とともに、釈迦如来のそばに侍している「釈迦三尊像」が有名です。「六牙」とは、布施《ふせ》、持戒《じかい》、忍辱《にんにく》、精進《しょうじん》、禅定《ぜんじょう》、智慧《ちえ》で、大乗仏教で最も大切にしている六つの徳目（波羅蜜）を表わしています。

午年生《うまどし》まれ　勢至菩薩《せいしぼさつ》

【真言《しんごん》】
おん
さんざんさく
そわか

智慧を表わす菩薩さまで、智慧の光をもって一切を照らし、私たちが地獄や餓鬼道（苦しみや災難）へ落ちないように救ってくれます。

極楽浄土へ導いてくださる仏さまとしても、昔から崇《あが》められています。

智慧をつかさどる菩薩さまには、文殊《もんじゅ》菩薩や虚空蔵《こくぞう》菩薩があげられますが、勢至菩薩は、人を救わないではいられない意志の強さの「智慧」を表し、文殊菩薩は釈迦如来の教えそのものの智、虚空蔵菩薩は、見聞きしたことを忘れない自然智を、それぞれ象徴しています。

勢至菩薩は、阿弥陀如来の脇侍《きょうじ》として、「阿弥陀三尊像」がよく知られています。おもに、左の脇侍としての観音菩薩が「慈悲」の象徴であるのに対して、右脇侍としてしたがっている勢至菩薩は、「智慧」の光で衆生の迷いを除き救う菩薩さまとして存在します。

観音菩薩と勢至菩薩は、ほとんど同じ姿をしていますが、観音菩薩の宝冠に、化仏《けぶつ》がつけられており、勢至菩薩には、水瓶《すいびょう》がつく場合があります。

また、観音菩薩は、手に甘露の宝水が貯えられている水瓶、または蓮華を持ち、勢至菩薩は、合掌している姿が多いようです。

未年《ひつじどし》・申年《さるどし》生まれ

大日如来《だいにちにょらい》

【真言《しんごん》】
おん
あびらうんけん
ばざら
だとばん

真言密教の総元締めで、最高の存在とされる如来さまです。宇宙の人間、自然、天地すべてが、この大日如来から生まれたとされます。ほかの如来、菩薩、明王は、大日如来の化身《けしん》といわれ、そのすべての働きをします。悟りをひらい

て如来になった人間・釈迦とは異なり、はじめから世界の仏さまなのです。

もともとは、古代イランの「太陽の神さま」が仏教に取り入れられ、大きな存在になったようです。大日如来の名前は、昼と夜とで変化する太陽の光とは比較にならないほど、大日の智慧の光は大きく、この世のすべてにあまねく智慧の光を及ぼし、慈悲の活動が活発で永遠であることから、太陽の「日」に「大」を加えて「大日」と名づけられたといわれます。

密教の代表尊格として「金剛界大日如来」があり、これに対して、「胎蔵界大日如来」があります。曼荼羅に大日如来が描かれていますが、「金剛界」と「胎蔵界」の大日如来は、手の組み方が異なります。左の人差し指を胸の前で伸ばし、右手でにぎった形が「金剛界」で、おなかの前で両手を重ねたのが「胎蔵界」です。

本来、如来は、法衣をまとった出家姿の質素な身なりですが、大日如来は例外で、菩薩以上に、豪華な宝冠と装身具で身を飾っています。

大日如来の石仏は、九州・国東《くにさき》半島の臼杵磨崖仏《うすきまがいぶつ》（国宝）が有名。平安時代の造仏です。和歌山県、高野山金剛峰寺の大日如来像もよく知られています。

酉年生《とりどし》まれ　不動明王《ふどうみょうおう》

【真言《しんごん》】
のうまく
さーまんだー
ばざらだんせんだ
まかろしゃだ
そわたや
うんたらた
かんまん

煩悩や悪魔を断ち切り、仏心を起こさせ、幸運と繁栄を招くといわれる不動さまです。大日如来の分身、化身といわれます。大日如来が使者として使わし、教えに従わない者を脅《おど》し、諭《さと》し、仏に敵対することを力づくで止めようとするため、恐ろしい姿をしています。その憤怒の姿は、「馬鹿なことをするな」とおこないを戒《いまし》め、顔で怒って、心では泣いている姿なのです。右手に宝剣、左手に縄をもち、剣で人々の煩悩や因縁を断ち切り、縄で煩悩から抜け出せない人を縛り救い出す、といわれます。燃え盛る光背《こうはい》の炎は、煩悩を焼き尽くします。

インドで起こり、中国を経て日本に伝わった不動明王。インドや中国では、その造像は少なく、日本では密教の流行に従い、盛んに作られました。現存する不動明王のうち、京都市、東寺《とうじ》講堂像など平安初期の古い像は、両目を見開き、下唇をかんでいますが、時代が下がると、右目で天を、左目で地をにらむ、など、表情が変わってきます。

明王は、大日如来の分身ですが、明王にも分身というか、子分がいます。八大童子です。有名なのが、「こんがら」と「せいたか」の二人。こんがらは、やさしいのんびりした姿、せいたかは、強く、元気な子どもに表わされ、不動明王の持つ両方の特徴を表わしています。明王の仲間ではなく、格下の「天」の仲間です。

戌年《いぬどし》・亥年《いどし》生まれ

阿弥陀如来《あみだにょらい》

【真言《しんごん》】
おん
あみりた
ていせい
から
うん

大慈悲の力で深い悟りを与え、精神の安定を実現するといわれます。阿弥陀さまは、極楽浄土をつくり、私たちをその世界へ迎え入れる役割をもっています。西方浄土の救主で、限りない智慧と光、限りない命をもって、人々を救い続けるといわれます。阿弥陀さまの光が無限に輝くことから「無量光《むりょうこう》如来《にょらい》」、また寿命に限りがないので「無量寿仏《むりょうじゅぶつ》」とも呼ばれます。浄土宗、浄土真宗のご本尊です。

阿弥陀さまは、如来になる前の修行中に、四十八願という誓いを立てました。その中に、「南無阿弥陀仏《なむあみだぶつ》」と唱えたあらゆる人々を、極楽浄土へ導くとされ、広く民衆から信仰されました。「南無阿弥陀仏」は、お念仏の代名詞ですが、インドの言葉をそのままで、「無量」という意味です。

「阿弥陀三尊」として、両脇に観音菩薩と勢至菩薩を脇侍《きょうじ》として従がえ、並ぶ姿が多いようです。

阿弥陀如来を祀る主な寺院として、神奈川県・高徳院は、鎌倉の大仏さまと親しまれ、京都府・浄瑠璃寺は、唯一現存する九体の阿弥陀如来像があり、十円玉に描かれている お寺で有名な京都・平等院鳳凰堂の阿弥陀如来坐像も有名です。

如来と菩薩と明王

如来は、「悟りを得た人」のことです。そもそも、仏教をはじめたのは、紀元前のインドに「釈迦族」という貴族の王子として生まれたゴータマ・シッタルダという人でした。家族と別れ、出家して、きびしい修行の末、悟りをひらき、如来になり、釈迦如来と呼ばれるようになりました。如来と呼ばれる最初の人がお釈迦さまです。

如来は、阿弥陀如来、薬師如来、大日如来、弥勒如来（未来仏とされ、まだ修行中の菩薩とも考えられて、一般には、弥勒菩薩と呼ばれます）などがあります。

仏教の教えが広まり、釈迦如来のお話と別にいろいろな物語が考え出され、その話が書かれたものが経典ですが、その中の主人公として、阿弥陀如来、薬師如来、ほかさまざまな如来が生み出されました。そして、インドの別の宗教がもっていた考え方や修行を仏教に取り入れ、発展させた密教という教えでは、大日如来という特別な如来が考え出されました。

菩薩は、「悟りを求める人」で、如来をめざして修行中の身。自己の悟りを求める一方で、私たちを救ってくれます。仏と人間世界を結びつける身近な存在です。

多くの如来が登場すると、それをめざして修行する菩薩も、さまざまな役割や立場をもって考え出されました。観音菩薩、普賢菩薩、文殊菩薩、勢至菩薩、虚空蔵菩薩、地蔵菩薩などがあります。なかでも『般若心経』の冒頭に登場する「観自在菩薩」は観音さまと呼ばれ、人気が高く、私たちに親しまれています。この世に自由自在に変身して現われ、苦悩する人々に、救いの手を差し伸べ、人間生活に密着した深い信仰を集めています。

菩薩は、悟りをひらく前の釈迦の姿がモデルとなっているので、多くは古代インドの貴族の姿格好をしているようです。如来は、厳しい修行を物語る、質素な出家姿ですが、大日如来は例外で、豪華な装身具で身を包んでいます。

明王は、密教のなかで考え出されました。密教の最高の如来である大日如来の分身とされています。教えに従わない人を救うために、目をかっと見開き、恐ろしい形相をしています。代表的な明王が、不動明王です。不動明王を祀ったお寺が、△△不動さま、の名で呼ばれることがよくあります。ほかに愛染明王など、愛欲煩悩がそのまま悟りであることを表わしている明王もいます。後に恋愛成就の願いをかなえる明王として女性の信仰の対象になったりしました。

このように、仏の世界にも格や位が存在することがわかります。ピラミッドの頂点にいるのが「如来」、その下に修行中の「菩薩」、その下に「明王」、その下に、「天」があります。

第3章

写経

1 写経の作法

写経は、自分自身に向き合う修行の一つです。厳粛な気持ちで行ないたいものです。

写経は、お寺に行かなくても、自宅でできます。また特別な準備も必要ありません。用紙と筆と墨があれば、自宅でも簡単に写経することができるのです。小河流では、厳粛な気持ちをもって対峙すれば、道具はこだわりません。筆ぺんでもほかの筆記具でもオーケイです。

では、基本的なお作法をご紹介します。

写経の作法と手順

一、手を洗い、口をすすぐ
二、香をたき、室内を清める

三、墨をすり、心を鎮める（筆ペンなどほかの筆記用具可）

四、合掌礼拝

五、合掌して願文を唱える

「真言《しんごん》は不思議なり、観誦《かんじゅ》すれば無明《むみょう》を除く。一字に千里を含み、即身《そくしん》に法如《ほうにょ》を証《しょう》す。行々《ぎょうぎょう》として円寂《えんじゃく》に至り、去去《ここ》として原初《げんしょ》に入《い》る。三界《さんかい》は客舎《かくしゃ》の如《ごと》し、一心《いっしん》は是《こ》れ本居《ほんこ》なり。われいま至心《ししん》に懺悔《ざんげ》し、謹《つつし》みて般若心経を書写《しょしゃ》し奉《たてまつ》る。仰《あお》ぎ願わくば、一字《いちじ》一字法界に遍《へん》じ、三世十方《さんぜじっぽう》の諸仏《しょぶつ》に供養《くよう》し奉《たてまつ》らん。また願わくば衆生《しゅじょう》とともに、一切《いっさい》の罪障《ざいしょう》を消滅《しょうめつ》して、（心願……）を成就《じょうじゅ》せしめ給え。

乃至法界《ないしほうかい》、平等利益《りやく》」

六、浄写（至心に写経する）

七、祈念（各々願い事を書し念ずる）

八、合掌、読誦（浄写したお経に目を通しながら唱える）

九、合掌礼拝

（奉納方法は八十六ページをご覧ください）

写経の書式

写経を始める前に知っておきたい決まりごとがあります。それは、文字詰めや行のあけ方、間違えた時の訂正の仕方など、書式のルールです。写経の長い歴史の中で、整えられてきた形ですので、押さえておきましょう。

たとえば、

・一行は十七字で書く
・最初と最後の一行は空欄にする
・本文の冒頭と末尾に経題を入れる（冒頭は正式名）
・羯諦羯諦…の真言のみ一行を十八字で書く
・写経は一枚の紙に収める

などなどあります。

願をかけて写経した場合は、本文の後ろに願文を書いてもよろしいでしょう。

間違えた時の直し方

文字を間違えたり、抜かしてしまったりした場合、新たな気持ちで書き直す、というのもひとつの方法です。しかし、新しい用紙に始めから書き直さなくてもよいのです。小河流では、どちらでもかまいません。とくに決まりはありませんが、一般的な直し方をご紹介します。

・文字を重複してしまった→（　）をつけ、抹消します
・文字を抜かしてしまった→「〜」を右側に入れ、経文の最後に抜かした文字を付け加えます。
・文字の順番を前後に書いてしまった→「レ」を入れます

・文字を間違えた↓すぐ横に薄く正しい文字を加えるか、「・」をつけて、経文の最後に書き加えます。
・一行抜かしてしまった↓薄い墨で行間に書き加えるか、次の行に書いて、矢印で挿入する箇所を示します。（巻末の「写経修正の見本」を参照）

奉納の方法

出来上がったら、お寺に納めていただきましょう。あなたの気持ちを奉納料として、お包みしましょう。

2 写経手本

仏説摩訶般若波羅蜜多心経

観自在菩薩行深般若波羅蜜多時照見五

蘊皆空度一切苦厄舎利子色不異空空不

異色色即是空空即是色受想行識亦復如
是舎利子是諸法空相不生不滅不垢不浄
不増不減是故空中無色無受想行識無眼
耳鼻舌身意無色声香味触法無眼界乃至
無意識界無無明亦無無明尽乃至無老死

亦無老死尽無苦集滅道無智亦無得以無
所得故菩提薩埵依般若波羅蜜多故心無
罣礙無罣礙故無有恐怖遠離一切顛倒夢
想究竟涅槃三世諸仏依般若波羅蜜多故
得阿耨多羅三藐三菩提故知般若波羅蜜

多是大神呪是大明呪是無上呪是無等等
呪能除一切苦真実不虚故説般若波羅蜜
多呪即説呪曰
掲諦掲諦波羅掲諦波羅僧掲諦菩提薩婆訶
般若心経

第4章

小河僧正一問一答

Q1

『般若心経』は、仏壇の前で姿勢を正して唱えないと効果はないでしょうか？

A

そんなことはありません。極端に言えば、寝転んで読んでもかまいません。粗末に扱うな、なんて釈迦は言いません。『般若心経』は自由なんです。大切に思えば、痛いところに『般若心経』をあてるだけで、治ってしまうんですよ。

Q2

黙読と声に出して唱えるのとでは、効果が違うのでしょうか？

A

基本的には同じです。が、できれば、声に出して読めば、いっそう効果的です。

Q3

家族の前で、はじめて声を出して読むのがちょっと抵抗があります。

A そうですね。その場合は「これから『般若心経』を読みます」とひとこと言ってから、始めるとよろしいでしょう。

Q4

お守りとして持っているだけでも効果はありますか？

A もちろんです。『般若心経』を持っていたために交通事故を回避できた、というお手紙は、すでに数十通きています。災難を避けてくれる効果と寄せつけない効果があります。さらに、『心経』を唱えるほうがよりいっそう得られるものが大きいでしょう。

Q5

守り本尊の観音さま、如来さまにそれぞれ、唱える真言という言葉がありますが、これは何でしょうか?

A

たとえば、「おん　あろりきゃ　そわか」というのは、サンスクリット語で、観音菩薩という意味です。真言（呪文）です。自分の生まれ年の守り本尊に対面した時、唱えられるように覚えておきましょう。

Q6

読経する速さはどうしたらよいでしょうか?

A

読経においては、「緩ならず急ならず」の速度で読むことが大切です。「急」で読経するのは強い願かけの場合で、「緩」で読経するのは故人を思っての場合とお考えください。

Q7

息つぎをどこでしたらよいかわからないのですが。

A

息つぎは自分の好きなタイミングで行ってかまいません。決まった息つぎはないのですから。

Q8

『般若心経』に英語版はありますか?

A

あります。私の弟（小河弘之《ひろし》）が、東大在学中に『般若心経』を英訳し、大阪教育大在任中、授業で教えました。本も書きましたが、出版はしていません。外国人にも『般若心経』は人気があります。

Q9

守り本尊と『般若心経』はどのように組み合わせればよいでしょうか?

A

『般若心経』を唱えた後に守り本尊のマントラを唱えるとよいでしょう。もしくは、守り本尊のマントラ「おん　あろりきゃ　そわか」と般若心経のマントラ「ぎゃーてい　ぎゃーてい　はらぎゃーてい　はらそうぎゃーてい　ぼうじー　そわかー」を組み合わせて三回または七回(さらに多数回があり)唱えるとよいでしょう。

Q10

神社やお寺で購入した「お守り」は買い換えた方がいいのでしょうか?

A

本当は年一回(二月三日)に買い換えていただきたいのですが、しかし、自分が「持っていたい」と思っている間は、汚れていようが折れようが、しっかりと持つべきでしょう。

〈写経について〉

Q11 写経を行なう時、筆を使用しないといけませんか?

A いいえ。鉛筆でもサインペンでも、マジックペンでもオーケイですよ。一般的にも、私の写経道場でも筆を用意していますが、基本的には何でもいいのです。道具は選びません。

Q12 写経を一枚書き上げたら、その後、どのようにするのでしょうか?

A 写経は一枚、二枚と数えず、一巻、二巻と数えます。むかしは、巻物であったことから、そのように数えるのです。写経道場では、書き上げたものは、その場に納めていただきます。私の道場に来られない人は、全国から、送ってきますので、本堂に納めます。

Q13

写経は、縦書きが基本だと思いますが、横書きもよいでしょうか？

A

原則は縦書きですが、最近、横書きで写経されたものを、現に送ってきております。大学ノートに書いてあるものもあります。「写」経ですから、縦書きとすべきでしょうが、小河流は、横書きでもよいと考えます。なぜなら、『般若心経』においても、日々、成長している。世の移り変わりと共に、進化して新しくなっていく。横書きも成り立ちます。また、サンスクリット語は横書きだった。それが中国に伝わり漢字となって縦書きとなったのです。

Q14

写経する際、漢字の書き順にも気を配った方がよいでしょうか？

A

基本的には正しい書き順で写経すべきですが、それにとらわれて、思いを失っては、本末転倒。漢字の書き順よりも写経する際の自分の思いを優先すべきでしょう。

Q15

写経の末尾に記す願いはどのような書き方がよいでしょうか？

A 「世界平和」のような四文字熟語でも「私は〜〜となりますように」という文章でもどちらでもよろしいでしょう。

Q16

写経は他人に対しての願かけでもよいですか？

A よいでしょう。

Q17

写経で相手を呪うことができますか？

A おすすめはしません。

Q18

写経で「金運向上」や「大金持ちになりたい」という欲望の強いものでもよいのですか？

A 金運・財運向上でもよい。人は生きているかぎり「欲」があります。いいかえれば、欲がなければ人間ではありません。人は亡くなる時に欲がなくなるのです。

Q19

写経や読経はいつやればよいですか？

A 基本的にはいつでもよいのです。

Q20

写経の際にお香をたくとあるが、これは必要でしょうか？

A お香の代わりに線香でもよいでしょう。線香を半分に折って燃やすとよいでしょう。

Q21

以前、お寺で写経を体験した際に抹香《まっこう》が回されましたが、どうすべきかわかりませんでした。

A

抹香は身体を浄めるためのものです。手にすり込みながら、身体全体にすり込むよう集中して行ないましょう。

Q22

イスに座って写経を行なったが、それでもよいのですか?

A

写経道場では正座が基本ですが、決まったかたちはありません。

Q23

写経に使う紙はどこで買えばいいのですか？

A

基本的に紙の質やサイズは問いませんので、文具店などで半紙やコピー用紙を買い求めて使用するとよろしいでしょう。コピー用紙の場合、サイズはＡ３をおすすめいたします。

Q24

書き損じた場合の紙はどう処分すればいいのですか？

A

写経し終えた用紙と一緒に奉納してください。

第5章

「絵心経」

1

絵心経とは

『絵心経』をはじめて知ったのは、大覚寺に勤めはじめ、坂口密翁執事と出会ったころです。当時、坂口執事が出版された本を読み、たいへん印象深く心にひろがっていきました。なんといっても、絵の面白さに惹かれます。

『般若心経』が今もむかしも、ひろく多くの人々に親しまれてきた証《あかし》です。

そのむかし、この『般若心経』をなんとか、文字の読めない民衆の人びとに読んでもらいたい、知ってもらいたい、と考案された方、また、工夫され出来上がった「絵で読む『心経』」を、読みたい一心で、じっと目をこらす人々。想像しているうちに、熱く共感を覚え、心から離れなくなりました。

坂口さんの本をもとに、『絵心経』についてご紹介しましょう。

『絵心経』は岩手県南部地方で生まれました。最初に作られたのは、一七〇〇年代の初め、江戸・元禄時代といわれます。平泉の中尊寺で、寺社取締りの補佐役をつとめていた善八（源右衛門ともいう）という人の発案です。

善八さんが、盛岡市と十和田湖の中ほどにある田山という地区で、その辺りの人たちを対象に作りました。善八さんが作ったオリジナルの『絵心経』は未発見だそうですが、『東遊記』（橘南谿《たちばななんけい》　一七九七年）によってその全容を知ることができます。この『絵心経』は、その地域の人々の心の支えとなったことでしょう。これが、田山系『絵心経』であります。

その後、一八三五年（天保六）、盛岡城おかかえの印刷物刷物師の舞田屋理作という人によって、版行されたのが、舞田屋版『絵心経』です。釜を逆さまに描いて「摩訶」と読む絵は、舞田屋版の『絵心経』です。

田山系『絵心経』は、簡潔で、象形文字のような絵であり、舞田屋版は、具象的な絵になっているのが、二つある『絵心経』のそれぞれの特徴といえましょう。ここに掲載したのは、舞田屋系のものを、わかりやすく坂口さんが組み合わせてあります。

『絵心経』は、このようにして生まれ、人々に伝わりましたが、坂口さんは、次のように述べられています。

「それを渇望してやまなかった、字の読めない人たちの、素朴で純真な信仰は、本当に尊いものであり、現在の私たちも〝心のともしび〟として、これを受け継ぎたい」

今現在は『絵心経』といえば、これはひとつの芸術としてご理解いただけるとよろしいでしょう。

2 絵心経全文

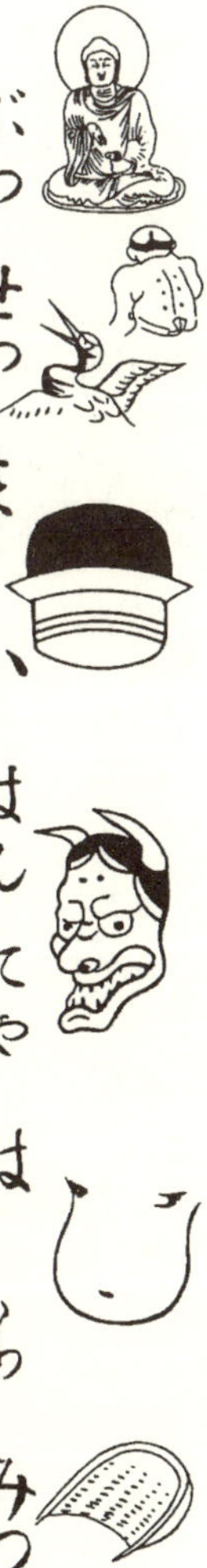

佛《ぶつ》說《せつ》摩《ま》訶《か》般《はん》若《にや》波《は》羅《ら》蜜《みつ》

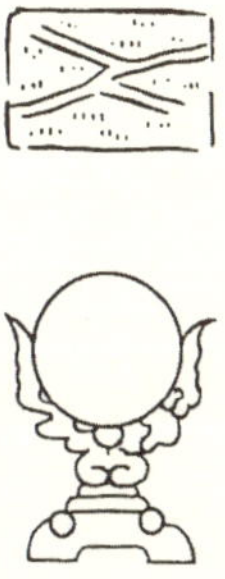

多《た》心《しん》經《ぎょう》

観《かん》自《じ》在《ざい》菩《ぼ》薩《さつ》。行《ぎょう》深《じん》般《はん》若《にゃ》

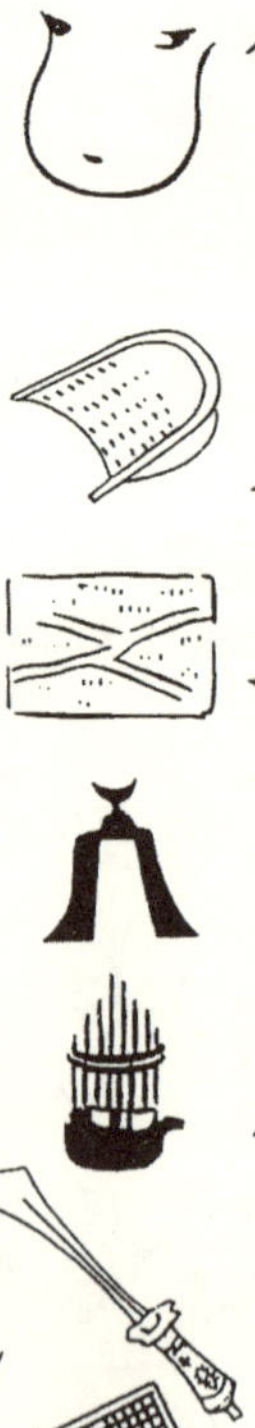

波《は》羅《ら》蜜《みつ》多《た》時《じ》。照《しょう》見《けん》五《ご》蘊《うん》

皆《かい》空《くう》。度《ど》一《いっ》切《さい》苦《く》厄《やく》。舎《しゃ》利《り》

子《し》。色《しき》不《ふ》異《い》空《くう》。空《くう》不《ふ》異《い》色《しき》。

色《しき》即《そく》是《ぜ》空《くう》。空《くう》即《そく》是《ぜ》色《しき》。受《じゅ》

想《そう》行《ぎょう》識《しき》。亦《やく》復《ぶ》如《によ》是《ぜ》。舎《しゃ》利《り》

子《し》。是《ぜ》諸《しょ》法《ほう》空《くう》相《そう》。不《ふ》生《しょう》不《ふ》

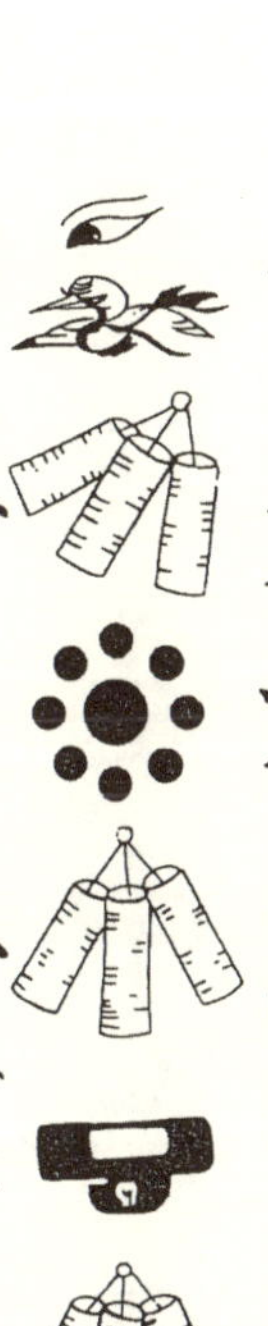

滅《めつ》。不《ふ》垢《く》不《ふ》淨《じょう》。不《ふ》増《ぞう》不《ふ》減《げん》。

是《ぜ》故《こ》空《くう》中《ちゅう》無《む》色《しき》。無《む》受《じゅ》想《そう》

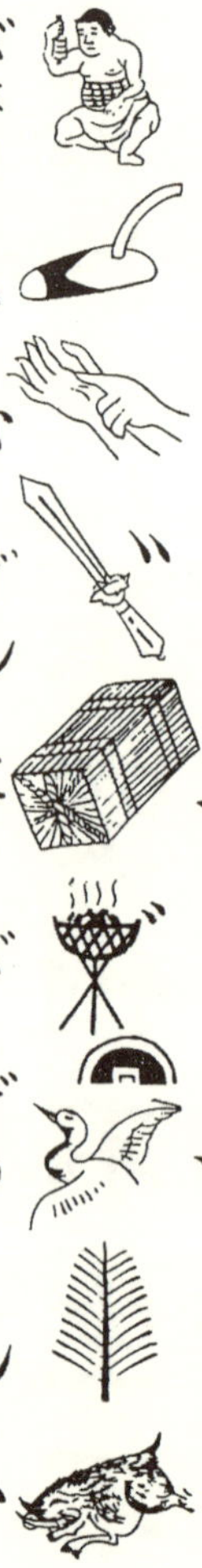

行《ぎょう》識《しき》。無《む》眼《げん》耳《に》鼻《び》舌《ぜつ》身《しん》意《い》。

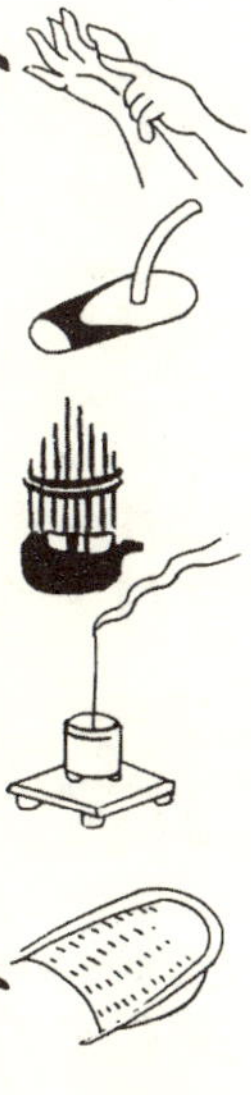

無《む》色《しき》聲《しょう》香《こう》味《み》觸《そく》法《ほう》。無《む》眼《げん》

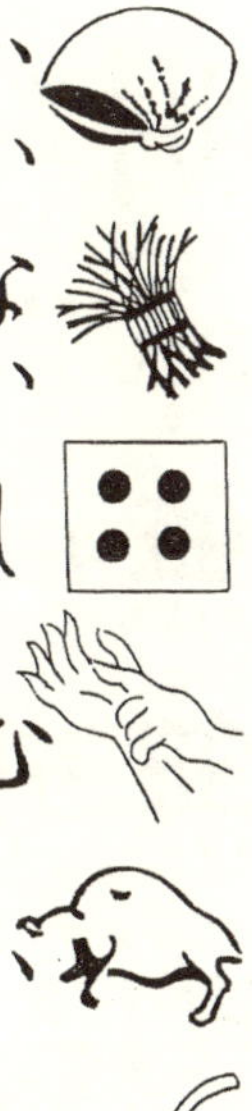

界《かい》。乃《ない》至《し》無《む》意《い》識《しき》界《かい》。無《む》無《む》

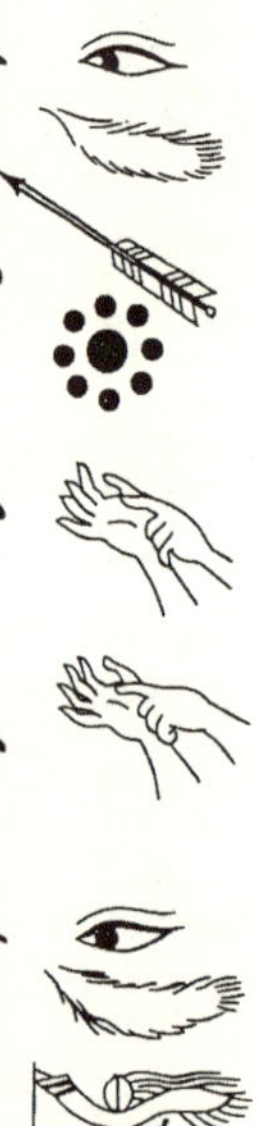

明《みょう》。亦《やく》無《む》無《む》明《みょう》盡《じん》。乃《ない》至《し》無《む》

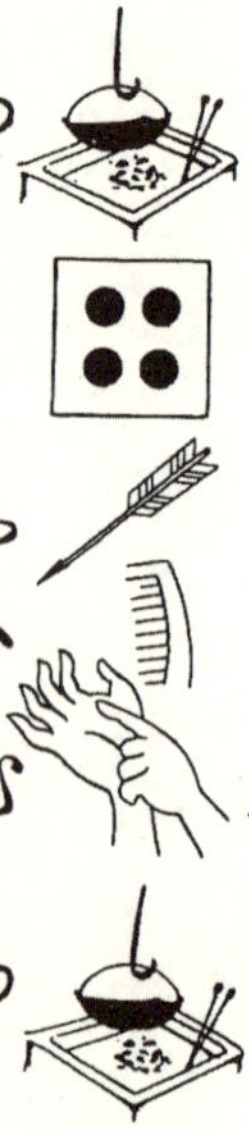

老《ろう》死《し》。亦《やく》無《む》老《ろう》死《し》盡《じん》。無《む》苦《く》

集滅《しゅうめつ》道《どう》。無《む》智《ち》亦《やく》無《む》得《とく》。以《い》

無《む》所《しょ》得《とく》故《こ》。菩《ぼ》提《だい》薩《さつ》埵《た》。依《え》

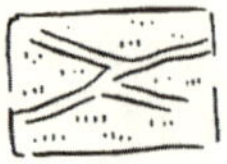

般《はん》若《にゃ》波《は》羅《ら》蜜《みつ》多《た》故《こ》。心《しん》無《む》

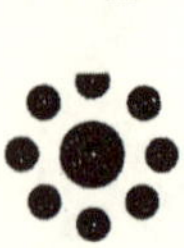

罣《けい》礙《げ》無《む》罣《けい》礙《げ》故《こ》。無《む》有《う》恐《く》

怖《ふ》。遠《おん》離《り》一《いっ》切《さい》。顛《てん》倒《どう》夢《む》想《そう》。

究《く》竟《きょう》涅《ね》槃《はん》。三《さん》世《ぜ》諸《しょ》佛《ぶつ》。依《ゑ》

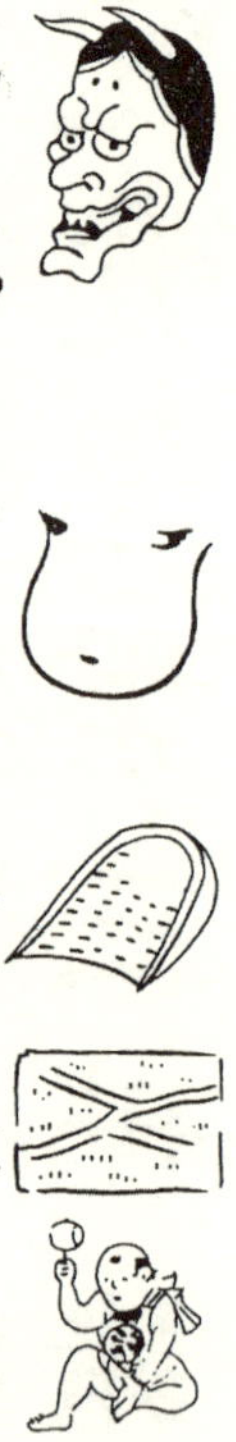

般《はん》若《にゃ》波《は》羅《ら》蜜《みつ》多《た》故《こ》。得《とく》阿《あ》

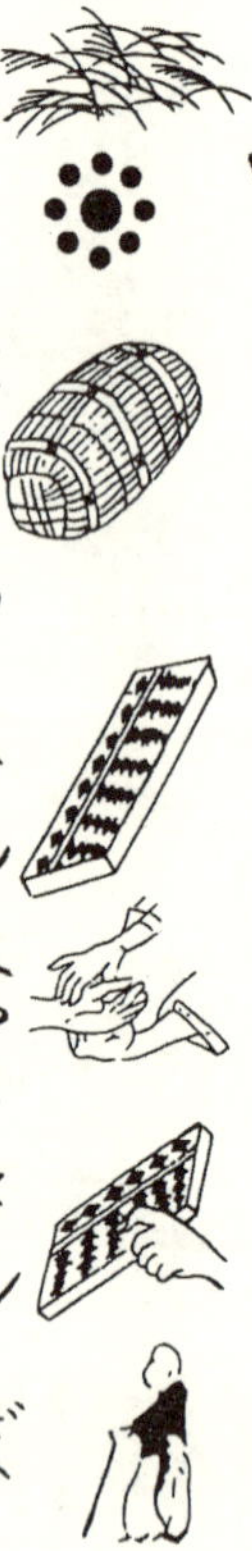

耨《のく》多《た》羅《ら》三《さん》藐《みゃく》三《さん》菩《ぼ》提《だい》。故《こ》

知《ち》般《はん》若《にゃ》波《は》羅《ら》蜜《みっ》多《た》。是《ぜ》大《だい》

神《じん》呪《しゅ》。是《ぜ》大《だい》明《みょう》呪《しゅ》。是《ぜ》無《む》上《じょう》

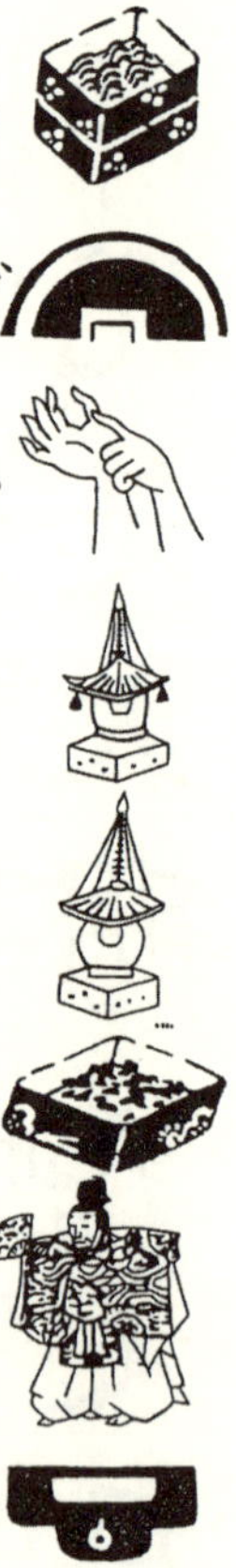

呪《しゅ》。是《ぜ》無《む》等《とう》等《とう》呪《しゅ》。能《のう》除《じょ》

一《いつ》切《さい》苦《く》。眞《しん》實《じつ》不《ふ》虚《こ》。故《こ》説《せつ》

般《はん》若《にゃ》波《は》羅《ら》蜜《みつ》多《た》呪《しゅ》。即《そく》説《せつ》

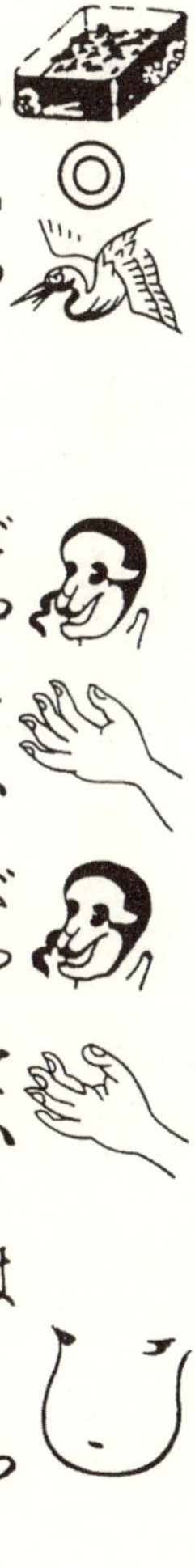

呪《しゅ》曰《わつ》。

羯《ぎゃ》諦《てい》羯《ぎゃ》諦《てい》。波《は》羅《ら》

羯《ぎゃ》諦《てい》。波《は》羅《ら》僧《そう》羯《ぎゃ》諦《てい》。菩《ぼ》提《じ》

薩《そ》婆《わ》訶《か》。

般《はん》若《にゃ》心《しん》經《ぎょう》

般若心経語句解説

①仏説《ぶっせつ》　仏さまが説いた。

②摩訶《まか》　すぐれた、偉大なという形容詞。

③般若波羅蜜多《はんにゃはらみた》

「般若」は仏の智慧を表わす。「波羅蜜」は菩薩の修行法として強調される六つの徳目。彼岸に至る智慧の修行という意味。

④心経《しんぎょう》

心髄を説く教え、経典。「経」は縦糸のこと。お経が書かれた紙などの端に縦糸を通してつなげたことから、仏教の教えが書かれたものを「経」という。

⑤観自在菩薩《かんじざいぼさつ》

観音菩薩、観世音菩薩ともいう。教えを説くのは、如来を目指して修行中の観自在菩薩。さとりを得た如来が語り手でなく、修行中でもあり、人びとを救おうとする実践者としての菩薩であることが、意味深い。

⑥行深般若波羅蜜多時《ぎょうじんはんにゃはらみたじ》

「行」は実践する。「深」は奥深い。観自在菩薩さまが奥深い「般若波羅蜜多」を修行されていた時に。

⑦**照見五蘊皆空**《しょうけんごうんかいくう》

あらゆる存在は「五蘊《ごうん》」から成り立っているが、みな、「空《くう》」であるとみなして、という意味。五蘊とは、色、受、想、行、識。

⑧**度一切苦厄**《どいっさいくやく》

「度」は「度す」で渡す、救済する、を意味する。（観自在菩薩は）あらゆる苦難から私たちを救う。

⑨**舎利子**《しゃりし》

頭脳明晰な釈迦の一番弟子。『般若心経』に登場する唯一歴史上の人物とされる。観自在菩薩が語りかける聞き手の代表者として存在する。バラモン階級に生を受け、秀才で釈迦の後継者とみなされたが、釈迦より先に死去。

⑩**色不異空**《しきふいくう》

「色《しき》は空《くう》に異ならず」と読む。人の目にうつる世界のすべては、空にほかならない。

⑪**空不異色**《くうふいしき》

「空は色に異ならず」。実体はないが、存在するのである。

⑫**色即是空**《しきそくぜくう》

「色はすなわちこれ空なり」。目にみえ

るものすべてに、実体はない。

⑬ **空即是色**《くうそくぜしき》

「空はすなわちこれ色なり」。実体のないことを認識して、物事を見よう。

⑭ **受想行 識**《じゅそうぎょうしき》

「色」を含む五つの要素（五蘊）のうち受、想、行、識は心の働きである。

⑮ **亦復如是**《やくぶにょぜ》

「またまた、かくのごとし」。以下、同様であるの意。つまり「色」の箇所に残り四つを順に当てはめて考えること。四つの心の働きもあってないようなものだ。

⑯ **是諸法空相**《ぜしょほうくうそう》

「この諸法は空相なり」。「諸法」この世のすべては、「空相」。空を基本としている。

⑰ **不生不滅**《ふしょうふめつ**》　**不垢不浄**《ふくふじょう》　**不増不減**《ふぞうふげん》

「生ぜず滅せず、垢ならず浄ならず、増えず減らず」。生まれることも滅びることも、汚れていることも清らかなことも、増えることも減ることもない。さらにいえば、生じたものは滅する。が、永遠に滅し続けるわけでなく、滅は生に依存している。相互の関係性（縁起）の中にいる。

⑱ 是《ぜ》故《こ》空《くう》中《ちゅう》無《む》色《しき》

「このゆえに、空の中に色はない」。空の中には物質は存在しない。

⑲ 無《む》受《じゅ》想《そう》行《ぎょう》識《しき》

「受・想・行・識もない」。五蘊と呼ばれる五つの要素も、固有の存在でなく、縁によって生じる。

⑳ 無《む》眼《げん》耳《に》鼻《び》舌《ぜっ》身《しん》意《に》

「眼も耳も鼻も舌も身も意もない」六根といわれる感覚器官のすべてがない。

㉑ 無《む》色《しき》声《しょう》香《こう》味《み》触《そく》法《ほう》

「色・声《しょう》・香・味・触・法もない」六根の感覚器官を受けとめる六境もない。

㉒ 無《む》眼《げん》界《かい》 乃《ない》至《し》無《む》意《い》識《しき》界《かい》

目に見える世界も、意識にとらわれる世界もない。六根、六境、六識すべて存在するものではない。「乃至」は、以下同じ。

㉓ 無《む》無《む》明《みょう》 亦《やく》無《む》無《む》明《みょう》尽《じん》

「無明もない。無明が尽きることもない」。十二縁起の最初の「無明」がなければ、「無明」が尽きることに意味がなくなる。「無明」を煩悩とすれば、煩悩がなければ煩悩が尽きることもない。執着を取りさる。

㉔ **乃至無老死**《ないしむろうし》

「老いることも死ぬこともない」。十二縁起の始めの「無明」から、最後の「老死」まで、すべてない。「乃至」は中略の意。

㉕ **亦無老死尽**《やくむろうしじん》

「また老死の尽きることもない」。老いることも死ぬこともなく、つまり、生死を越えた、それらにとらわれなくなった境地。

㉖ **無苦集滅道**《むくしゅうめつどう》

「苦集滅道もない」と読む。因果的なつながりを持つ四段階の教えとしての四諦《したい》「苦・集・滅・道」もない。

㉗ **無智亦無得**《むちやくむとく》

「智もなくまた、得もない」。智恵もなければ、さとりもない。

㉘ **以無所得故**《いむしょとくこ》

「無所得をもってのゆえに」。あらゆる執着を捨てて。仏教での「所得」は、単なる「得る」を越えて「認識する」さらに「さとりを得る」を示す。

㉙ **菩提薩埵**《ぼだいさった》

「菩提」はさとり、「薩埵」は人。さとりを求めて修行に励む人。『般若心経』では、舎利子を相手に語り手をつとめる観自在菩薩（観音菩薩）のこと。

㉚ **依般若波羅蜜多故**《えはんにゃはらみたこ》

「般若波羅蜜多」という最高の智慧によるがゆえに。

㉛ **心無罣礙**《しんむけいげ》

「罣礙」は仏教用語で、こだわりとか、妨げ。心にこだわりがない。心を覆うものがない。

㉜ **無罣礙故**《むけいげこ》　**無有恐怖**《むうくふ》

心を覆うものがないから（「無罣礙故」）、あれこれ恐れることもない（「無有恐怖」）。

㉝ **遠離一切**《おんりいっさい》　**顛倒夢想**《てんどうむそう》

一切の間違った見解から離れて。

㉞ **究竟涅槃**《くぎょうねはん》

「涅槃を究竟す」と読む。涅槃を極める。さとりを得て涅槃に到達する。「涅槃」は本来吹き消すという意味があり、消滅を表わす。煩悩がなくなり静けさに満ちた境地になること。「無罣礙故」から始まった文はここが結びである。

㉟三世諸仏《さんぜしょぶつ》

過去、現在、未来の三世にわたり存在する仏たち。

㊱依般若波羅蜜多故《えはんにゃはらみたこ》

前句をうけて、この世のすべての仏たちも「般若波羅蜜多」の徳のおかげでさとりを手にできた。

㊲得阿耨多羅《とくあのくたら》　三藐三菩提《さんみゃくさんぼだい》

「阿耨多羅」はこれ以上のものはない。「三藐」は正しい、本当の。「三菩提」はさとり。無上の真実のさとりを得た。（サンスクリット語「アヌッタラ サムヤク サンボディ」を音写）

㊳故知般若波羅蜜多《こちはんにゃはらみた》

「故知」故に知るべし。それ故に、真言の効能を知らなければならない

㊴是大神呪《ぜだいじんしゅ》

「呪《しゅ》」はサンスクリット語のマントラの訳。霊の力をもった言葉。「大神呪」以下「大明呪」「無上呪」「無等等呪」と、あわせて四句続き、「般若波羅蜜多」を偉大なマントラとして、たたえる言葉が続く。

㊵是大明呪《ぜだいみょうしゅ》

「これは偉大な智慧の真言である」。「明」は般若波羅蜜多の智慧を象徴。

㊶是無上呪《ぜむじょうしゅ》

「これは無上の真言である」。

㊷是無等等呪《ぜむとうどうしゅ》

「これは比較できるものがない真言である」。「無等等」は等しいものはないに等しい。つまり何ものにも比べられないほどすばらしいという意味。

㊸能除一切苦《のうじょいっさいく》

「一切の苦しみを取り除くことができる」。「能除」の能は能力や効能、可能の意。すべてが「空」であると見抜く「般若波羅蜜多」の智慧は、あらゆる苦しみを取り除くことができる。

㊹真実不虚《しんじつふこ》

「真実にして偽りではない」。

㊺故説般若波羅蜜多呪《こせつはんにゃはらみたしゅ》

「般若波羅蜜多の真言を説こう」。

㊻即説呪曰《そくせつしゅわっ》

「すなわち呪に説いて言う」。これから大切な真言を唱える。

㊼ **掲諦掲諦**《ぎゃていぎゃてい》

「掲諦」原語では「行く」を表わす。行きましょう、行きましょう。

㊽ **波羅掲諦**《はらぎゃてい》　「彼岸に至った者よ」。

㊾ **波羅僧掲諦**《はらそうぎゃてい》

「みんな一緒にさとりの世界へ」。

㊿ **菩提**《ぼじ》

「みんなにさとりがありますように」。

51 **薩婆訶**《そわか》

「幸あれ」。神の恩恵を祈願する言葉。

【参考文献】

『岩波仏教辞典　第二版』　中村元・福永光司・田村芳朗・今野達編　岩波書店
『図説仏教語大辞典』　中村元著　東京書籍
『織田仏教大事典』　織田得能著　大蔵出版
『決定版知れば知るほど面白い般若心経』　大本山建長寺監修　正木晃著　西東社
『般若心経　心の大そうじ』　名取芳彦著　三笠書房
『お守り　般若心経』　小河隆宣　東方出版
『ＮＨＫ100分de名著　般若心経』　佐々木閑　ＮＨＫ出版
『書き込み式　般若心経のやさしい練習帖』　名取芳彦監修　日本文芸社
『書き込み式　般若心経写経練習帳』　小松庸祐著　安田東鶴書　西東社
『カラー版ＣＤ付　声を出して覚える般若心経』　大栗道榮著　中経出版
『ＣＤ付き史上最強図解般若心経入門』　頼冨本宏編著　下泉全暁・那須真裕美著　ナツメ社
『仏像のひみつ』　山本勉　朝日出版社
『写仏』　天野珠美著　パイインターナショナル
『図説　願いがかなう仏像の見分け方』　松原哲明監修　チクマ秀版社
『読む・唱える・書く・描く・祀る　般若心経のすべて』　公方俊良著　日本実業出版社
『般若心経御守』　松原泰道著　永岡書店
『朝日新聞』　土曜別刷りbe　探訪　古き仏たち
『大覚寺絵心経』　大本山大覚寺　心経会総本部　旧嵯峨御所華道総司所

（写経修正の見本）

仏説摩訶般若波羅蜜多心経
観自在菩薩行深般若波羅蜜多時照見五
蘊皆空（空）度一切苦舎利子色不異空空不
異色色是即空空即是色受想行識亦復如
是舎刊・子是諸法空相不生不滅不垢不浄
耳鼻舌身意無色声香味触法無眼界乃至
不増不減是故空中無色無受想行識無眼
無意識界無無明亦無無明尽乃至無老死
亦無老死尽無苦集滅道無智亦無得以無
所得故菩提薩埵依般若波羅蜜多故心無
罣礙無罣礙故無有恐怖遠離一切顛倒夢

想究竟涅槃三世諸仏依般若波羅蜜多故
得阿耨多羅三藐三菩提故知般若波羅蜜
多是大神呪是大明呪是無上呪是無等等
呪能除一切苦真実不虚故説般若波羅蜜
多呪即説呪曰
掲諦掲諦波羅掲諦波羅僧掲諦菩提薩婆訶
般若心経
厄利

右為（心願のことを書いて下さい）
奉納　本尊御宝前
写経願主
（住所）
（御姓名）
平成　　年　　月　　日

小河隆宣

（こかわ・りゅうせん）

1934年岡山県生まれ。1946年高野山金剛峯寺において得度。1955年同志社大学卒業。京都市右京区の大覚寺心経係五大堂勤務を経て、現在、願成寺および地蔵院住職。著書『お守り般若心経』（1983年 東方出版）

わたしの般若心経入門《はんにゃしんぎょうにゅうもん》

発行日	2014年2月28日　初版発行
著　者	小河隆宣
発行者	酒井文人
発行所	株式会社説話社
	〒169-8077　東京都新宿区西早稲田1-1-6
	電話／03-3204-8288（販売）03-3204-5185（編集）
	振替口座／00160-8-69378
	URL http://www.setsuwasha.com/
デザイン	市川さとみ
イラスト	石河　映
編集担当	高木利幸
印刷・製本	株式会社平河工業社

ISBN 978-4-906828-05-0 C 0015

あなたの般若心経メモ

（般若心経にまつわる体験を書いたり、メモノートとしてお使いください）

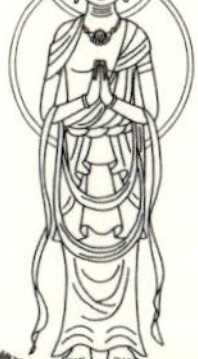